Rudolf Stammler

Darstellung der strafrechtlichen Bedeutung des Nothstandes

unter Berücksichtigung der Quellen des früheren gemeinen Rechts und der

modernen Gesetzgebungen, namentlich des Strafgesetzbuches für das deutsche

Reich

Rudolf Stammler

Darstellung der strafrechtlichen Bedeutung des Nothstandes
unter Berücksichtigung der Quellen des früheren gemeinen Rechts und der modernen Gesetzgebungen, namentlich des Strafgesetzbuches für das deutsche Reich

ISBN/EAN: 9783743438781

Hergestellt in Europa, USA, Kanada, Australien, Japan

Cover: Foto ©Suzi / pixelio.de

Manufactured and distributed by brebook publishing software (www.brebook.com)

Rudolf Stammler

Darstellung der strafrechtlichen Bedeutung des Nothstandes

Darstellung
der strafrechtlichen Bedeutung
des
Nothstandes

unter Berücksichtigung der Quellen des früheren gemeinen Rechts und der modernen Gesetzgebungen, namentlich des Strafgesetzbuches für das deutsche Reich.

Von

Dr. jur. Rudolf Stammler.

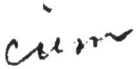

Eine von der Juristen-Fakultät zu Gießen gekrönte Preisschrift.

Erlangen, 1878.

Verlag von Andreas Deichert.

Darstellung

der strafrechtlichen Bedeutung

des

Nothstandes

unter Berücksichtigung der Quellen des früheren gemeinen Rechts und der modernen Gesetzgebungen, namentlich des Strafgesetzbuches für das deutsche Reich.

Von

Dr. jur. Rudolf Stammler.

Eine von der Juristen-Facultät zu Gießen gekrönte Preisschrift.

Erlangen 1878.
Verlag von Andreas Deichert.

Meinem

lieben Vater

Dr. Karl Stammler

Großh. Hess. Hofgerichtsrath in Gießen

gewidmet.

Inhalts-Uebersicht:

§ 1. Einleitung.

     I. **Geschichte der Nothstandslehre.**

§ 2. Römisches Recht.
§ 3. Bußordnungen der abendländischen Kirche und canonisches Recht.
§ 4. Aelteres deutsches Recht.
§ 5. Halsgerichtsordnung Karls V; Theorie des früheren gemeinen Rechts und ihre Vorläufer.
§ 6. Die Partikularstrafgesetzbücher des 18. Jahrhunderts.
§ 7. Theorie des 19. Jahrhunderts.
§ 8. Fortsetzung.
§ 9. Die Partikularstrafgesetzbücher des 19. Jahrhunderts.
§ 10. II. **Behandlung des Nothstandes im Strafgesetzbuch für das deutsche Reich.**
§ 11. III. **Princip der Behandlung des Nothstandes.**

Bücherverzeichniß.

Abegg, Untersuchungen aus dem Gebiete der Strafrechtswissenschaft. Breslau 1830. S. 106 ff.
Abegg, Lehrbuch der Strafrechtswissenschaft. Breslau 1836. §§ 107, 108, 352 ff.
Baumeister, Bemerkungen zur Strafgesetzgebung. Leipzig 1847. S. 87 ff.
Bauer, Anmerkungen zum Hannöver'schen Entwurf. I. S. 538.
Berner, Lehrbuch des Strafrechts. § 85.
Berner, De impunitate propter summam necessitatem proposita. Berol. 1861.
Beseler, Commentar zum preuß. StGB. S. 181, 182.
Binding, Normen und deren Uebertretung. Bd. II. Leipzig 1877. S. 293 ff.; vgl. S. 83.
Boehmer, Meditationes in CCC. ad art. 166 und 175. (1724.)
Breidenbach, Commentar zum hess. StGB. Bd. I, Heft 1, S. 522—581.
Cremani, De jure criminali. Ticini 1791. Vol. I, lib. 1, part. 1, cap. 4 et 5.
Carpzov, Practica nova imperialis Saxonica rer. crim. etc. Viteb. 1638 qu. 83 n. 38 seqq.
Chauveau et Hélie, Théorie du code pénal; Ch. XIV. (Ausgabe in Bruxelles 1843) tome I, p. 278 suiv. cf. tomo VI, p. 45 suiv., 572 suiv.
Feuerbach, Lehrbuch des peinl. Rechts, 14. Aufl. von Mittermaier §§ 91, 321. Dazu Commentar von Morstadt 1855.
Fichte, Grundlage des Naturrechts. 1791. S. 85—88.
Filangieri, System der Gesetzgebung. Bd. IV, S. 253 ff.
Fritsch, De praesidio necessitatis contra legem. 1661.
Geib, Lehrbuch des deutschen Strafrechts. Leipzig 1862. Bd. II, S. 221—227.
Geyer, Die Lehre von der Nothwehr. Jena 1857. S. 4 ff.
Geyer, Krit. Vierteljahrsschrift. V, S. 63 ff.
Glaser, Abhandlungen aus dem österr. Strafrecht. Bd. I. 1858. S. 109 ff.
Goltdammer, Materialien zum preuß. StGB. Berlin 1851. Bd. I, S. 373, 413.
Grolman, Grundsätze der Criminalrechtswissenschaft. 4. Aufl. 1825. §§ 23, 138.
Grotius, De jure belli ac pacis, II, 2 §§ 6—9.
Hälschner, System des preuß. Strafrechts. Bd. II, S. 271 ff.
Heffter, Lehrbuch des Strafrechts. § 40.

Hegel, Grundlinien der Philosophie des Rechts. 1821. § 127.
Homfeldt, Necessitas exlex. Jen. 1675.
Hufnagel, Commentar zum StGB. für das Königreich Württemberg. S. 226.
Hye, Das österr. StGB. S. 192 ff.
Kant, Metaphysische Anfangsgründe der Rechtslehre. 2. Aufl. Königsberg 1798. Einl. pag. XLI, sequ.
Köstlin, Neue Revision der Grundbegriffe des Criminalrechts. § 145, S. 596 ff.
Köstlin, System des Strafrechts. Tüb. 1855. § 37, S. 112 ff.
Koch, Institutiones juris criminalis; ed. V. Jen. 1779, lib. II, cap. I, § 174.
Kress, Commentatio in CCC. ad art. 166 et 175. (1721.)
Leonhardt, Commentar zum Hannov. StGB. I, S. 362.
Levita, Recht der Nothwehr. Gießen 1856. S. 2 ff.
Leyser, Meditt. ad pandectas, spec. 537.
Luden, Abhandlungen aus dem Strafrecht. Bd. II, S. 509 ff.
Luden, Handbuch des Strafrechts. Bd. I, § 46, S. 304 ff.
Maichel, De jure necessitatis. Tub. 1742.
Marquardsen, Die Lehre vom Nothstande, im Arch. des Crim. Rechts v. 1857, S. 396 ff.
Matthaeus, De criminibus ad lib. 47 et 48 Dig. Antwerp. 1761. l. 47 tit. 1, I, § 7. (ed. quinta. pag. 49 seqq.)
Meyer, Lehrbuch des Strafrechts. § 54.
Nettelbladt, De necessitate ojusque effectu in jure. Hal. 1752.
Oersted, Ueber das Nothrecht als einflußreiches Princip der Strafrechtspflege, im neuen Arch. des Crim. R. V. (1821) S. 345 ff., 625 ff.
Oppenhoff, Commentar zum preuß StGB. § 40 n. 14, 15.
Oppenhoff, Commentar zum RStGB. zu §§ 52, 54.
Ortolan, Eléments de droit pénal. n. 353 suiv.
Otto, Corpus juris criminalis Caroli V imper. etc. Ulm 1685, pag. 503, 504.
Pufendorf, De jure naturae et gentium libri VIII: lib. II, c. 6: „de jure et favore necessitatis".
Rauter, Traité du droit criminel. Paris 1836. I, p. 150.
Rein, Das Criminalrecht der Römer. S. 143.
Remus, Nemesis Carolina etc. ad art. 166 et 175. Francof. 1618.
Rossi, Traité de droit pénal. 4. ed. 1872. L. II, ch. 23.
Rüdorff, Commentar zum RStGB. zu §§ 52, 54.
Schaper, in Holtzendorff's Handbuch des deutschen Strafrechts. Bd. II, S. 132 ff.
Schott, De furto ex necessitate commisso ad art. 166 CCC. Tub. 1772.
Schütze, Lehrbuch des deutschen Strafrechts. § 38.
Schwarze, Commentar zum RStGB. zu §§ 52, 54.
Simon, De ablatione rei alienae in casu necessitatis. Jen. 1675.
Stryk, De jure necessitatis. Hal. 1712. (Opp. Vol. XII, 20.)

Thilo, Das Strafgesetzbuch für Baden. Karlsruhe 1845. S. 114 ff.
Tittel, De eo, quod licet secundum legem naturae summa necessitate urgente. Jen. 1763.
Tittmann, Handbuch des Strafrechts. Bd. I, §§ 88, 89.
Trébutien, Cours élémentaire du droit criminel. Paris 1854. I, pag. 137 suiv.
Unger, De jure necessitatis etc. Wirceb. 1752.
Wächter, Lehrbuch des röm.-teutsch. Strafrechts. 1825. §§ 55, 56.
Wächter, Handbuch des königl. Sächs. und des Thüring. Strafrechts. S. 359 ff.
Walch, De furto fame dominante facto, in dessen opuscula Vol. III, pag. 280 seqq.
Weiske, Rechtslexikon XII, S. 128 fg. (Merkel.)
Weiß, Criminalgesetzbuch für das Königreich Sachsen. Leipz. u. Dresb. 1841—43. S. 99.
Wesseln, Die Befugnisse des Nothstandes und der Nothwehr nach österr. Recht. Prag 1862

   Ueber den Einfluß des Nothstandes im Civilrecht f. bes.:

Thibaut, System des Pandektenrechts. § 561.
 Derf. im Arch. f. civ. Praxis VIII, 5 S. 139 ff.
Windscheid, Lehrbuch des Pandektenrechts. Bd. II, § 455. Anm. 11.
Jhering, Schuldmoment im römischen Privatrecht. Gießen 1867. S. 44.
Lehmann, „Ueber die civilrechtlichen Wirkungen des Nothstandes" in den Jahrb. f. Dogmatik, XIII, 5, S. 215 ff.

Einleitung.

§ 1. Der allgemeine Grundsatz, daß der Uebertreter einer vom Staate aufgestellten Norm die vom Gesetze dafür angedrohte Strafe zu erdulden habe, erleidet eine Ausnahme, wenn der Handelnde zur Zeit der That sich in Noth befand. Dieser Einfluß der Noth äußert sich nun in unserer Strafrechtswissenschaft und Strafgesetzgebung in zwei allgemeinen principiellen Gründen der Straflosigkeit, indem man zwischen Nothwehr und Nothstand unterscheidet. Die erstere hat von jeher wohl in jedem Rechte Berücksichtigung gefunden[1]), der Nothstand dagegen zwar in mehr oder weniger vereinzelten concreten Fällen Anerkennung erlangt, aber sich erst durch die Doctrin des früheren gemeinen Rechts und die Theorie der neueren Zeit begriffliche Feststellung und grundsätzliche Würdigung errungen. Immerhin besteht über die Abgrenzung von Nothwehr und Nothstand noch manche Unklarheit, noch mancher Streit, und es ist daher vor Allem erforderlich, die Begriffe beider Zustände möglichst genau festzustellen und scharf von einander zu scheiden, ehe wir uns ausschließlich zur Darstellung der strafrechtlichen Bedeutung des Nothstandes wenden.

Was die Nothwehr anbelangt, so adoptiren wir gerne die kurze und correcte Ausdrucksweise unseres RStGB., welches seiner sonstigen Gewohnheit entgegen über diesen Begriff in § 53 Abs. 2 folgende Definition gibt „Nothwehr ist diejenige Vertheidigung, welche erforderlich ist, um einen gegenwärtigen, rechtswidrigen Angriff von sich oder einem Andern abzuwenden." Es erscheint hiernach diese Vertheidigung des bedrohten Rechtssubjectes, welches die deutsche

---

[1]) Dies nahmen auch die Römer an, wenn sie in l. 3 D. de J. e. J. 1, 1. sagen: juris gentium est, ut vim atque injuriam propulsemus; cf. l. 1 § 27 D de vi et de vi arm. 43,16; Cicero pro Milone c. 4.

Sprache sehr passend mit Noth=Wehr bezeichnet, als ein erlaubter Act der Selbsthülfe, durch welche das Recht gegen das Unrecht geschützt werden darf. Nun kann es aber sehr wohl Fälle geben, und die Erfahrung weist solche in großer Anzahl auf, in welchen zwei verschiedene Rechtsgüter in eine derartige Lage zu einander kommen, daß beide nebeneinander nicht fürder bestehen können, das eine nur auf Kosten des andern erhalten werden kann, und ein solcher Collisionsfall unter zwei Gütern ist es, den man unter dem Ausdruck „Nothstand" begreift, wofür das seit den Zeiten des Karneades bestrittene, von Fichte so sehr bespöttelte „Wunderbrett der Schule" und der im canonischen Recht und der CCC besonders hervorgehobene Fall des Stehlens in Hungersnoth die geläufigen Schulbeispiele abgeben. Kurz zusammengefaßt liegt also der principielle Unterschied der Nothwehr von dem Nothstande darin, daß in diesem Recht mit Recht in Collision tritt, bei jener das Recht gegen das Unrecht streitet[1]. Es besteht nun eine bekannte Controverse darüber, ob derjenige, welcher sich gegen den Angriff eines unzurechnungsfähigen Menschen, z. B. eines Wahnsinnigen, sinnlos Betrunkenen, thatsächlich Irrenden u. s. w. wehrt, sich in rechter Nothwehr befindet[2]. Diese Streitfrage ist unseres Erachtens in verneinendem Sinne zu beantworten, da nur bei freiem Wollen und Handeln eines Menschen von Recht und Rechtswidrigkeit gesprochen werden kann, nur der zurechnungsfähige Mensch im Stande ist, ein Unrecht zu begehen. Man hat nun wohl für die gegentheilige Ansicht den Grund in das Feld geführt, daß immerhin eine objective Rechtswidrigkeit vorliege, auch wenn ein unzurechnungsfähiger Mensch Jemandem eine Verletzung zufüge. Allein hiermit stellt man sich fälschlicherweise ganz

---

[1] Die sonderbare und nichtssagende Bemerkung von Morstadt, Commentar zu Feuerbach § 37, daß sich Nothstand zu Nothwehr verhalte, wie Armuth zu Bettel, daß der erstere ein status, die letztere ein actus sei, sowie dessen bizarres Gleichniß, daß Sperling und Kucuk sehr verschieden seien, obgleich in demselben Nest ausgebrütet, — ist mit Recht von Levita, Recht der Nothwehr S. 24 streng verworfen worden.

[2] Für die Bejahung bes. Breidenbach, I, 1 S. 591; Luden, Handbuch S. 301; Köstlin, System S. 85; Levita, Nothwehr S. 186; Oppenhoff zu § 54 n. 1. Für die hier vertretene Ansicht Martin, Lehrbuch § 45; Berner, N Arch. d. Cr. R. 1848, S. 552; Hälschner, preuß. Strafr. II, S. 263; Schaper in Holtzendorff's Handb. II, S. 144; Geyer, Nothwehr S. 25 fg.; Meyer, Lehrbuch § 53, Anm. 6; u. A. m.

einseitig auf die Seite des Angegriffenen und Verletzten und erhebt etwas zur Rechtswidrigkeit, was bei Lichte besehen gar kein Unrecht ist [1]). Der Wahnsinnige ist nur Werkzeug in der Hand des Zufalls, ein Angriff durch ihn daher gar nicht rechtswidrig, und behauptet man gegen ihn die Zulässigkeit der Nothwehr, so wird dadurch der von der Wissenschaft in Uebereinstimmung mit der Gesetzgebung im allgemeinen festgestellte, oben erwähnte Begriff der Nothwehr in der That vernichtet und an die Stelle der Rechtswidrigkeit des Angriffes die drohende Beschädigung überhaupt als genügende Voraussetzung der Nothwehr erklärt. Dies aber hat mit Nothwendigkeit eine Verwaschung der Begriffe zur Folge, denn es müßte natürlich ebenso, wie von der Nothwehr gegen Wahnsinnige ꝛc. auch von einer solchen gegen Thiere gesprochen werden [2]), und weil der Angriff eines Thieres hinwiederum juristisch gleichbedeutend mit einer durch irgend ein Ereigniß in der leblosen Natur drohenden Gefahr aufzufassen ist, so drängt die Consequenz dahin, auch jede Gefährdung, gewissermaßen jeden Angriff durch ein solches Ereigniß, wie Ueberschwemmung, Feuersgefahr u. dgl. m. als mögliche Voraussetzung der Nothwehr gelten zu lassen, und es würde sich dann sehr fragen, ob nicht jede in Noth verübte Handlung unter der Firma der Nothwehr ausgestellt werden könnte. Die ganze Streitfrage hat eben, wie **Hälschner** sehr richtig bemerkt [3]), ihren Grund lediglich darin, daß man die Handlung in Nothwehr von derjenigen im Nothstande nicht genau unterschieden hat; aus der hier vertretenen Ansicht folgt ja nicht, daß derjenige, welcher den Wahnsinnigen, der ihn anfällt, durch einen Schlag auf den Arm unschädlich macht, welcher den tollen Hund erschießt, um sein Leben zu retten, wegen Körperverletzung, bez. vorsätzlicher Sachbeschädigung zu bestrafen sei; aber er ist nicht straffrei, weil er sich in **Nothwehr**, sondern weil er sich in **Nothstand** befunden hat.

---

[1]) Vgl. insbes. **Merkel**, Criminal. Abhandlungen. Leipzig 1867 I, S. 42—44.

[2]) Levita, Nothwehr S. 186, Anm. 22 sucht sich dieser unausweichbaren Consequenz dadurch zu entziehen, daß er sagt „weil in solchem Falle die Ueberschreitung der Grenzen der Nothwehr nur zu einer Vermögensentschädigung verbinden kann, so hat sich das Strafrecht auf den ersten Fall zu beschränken"; dieser Grund, welchen auch **Heffter**, Lehrbuch § 41, Anm. 2 geltend machte, fällt durch einfachen Hinweis auf unser positives Strafrecht in sich zusammen; s. RStGB., § 303 ff.

[3]) Preuß. Strafrecht II, S. 263.

Aus der dargestellten begrifflichen Scheidung von Nothwehr und Nothstand folgt sodann ein weiterer Unterschied in Bezug auf die Art und Weise, wie Beide eintreten können, indem die erstere nur in Folge eines widerrechtlichen Angriffes [1], der Nothstand dagegen auf irgend welche Weise, durch Naturereignisse [2], Thiere, unzurechnungsfähige Menschen u. s. w. entstehen kann. Auch durch die That eines britten zurechnungsfähigen Menschen kann ein Nothstand eintreten, sei es, daß diese Handlung zwar mit Vorbedacht vorgenommen war, aber keineswegs die Herbeiführung eines Nothstandes bezweckte, sei es, daß dem Thäter nur Fahrlässigkeit in Betreff der ersten That zur Last fällt. Wenn z. B. Jemand doloser Weise Feuer anlegt oder eine Ueberschwemmung stiftet, und es gerathen Menschen, von denen er gar nichts wußte, dadurch in Gefahr, so kommen diese im Verhältniß zu einander in den Fall des Nothstandes, und wenn ein Schusterjunge einen bösartigen Ochsen wüthend macht, so kann er, ohne einen Angriff auf Andere beabsichtigt zu haben, doch dritte Personen in Nothstand versetzen, ebenso wie das von Seiten des Menageriewärters möglich ist, der leichtsinniger Weise den Käfig des Löwen offen gelassen und diesem die Flucht ermöglicht hat. Besonders ist sodann des früher sehr geläufigen Mißverständnisses zu gedenken, als ob durch einen widerrechtlichen Angriff stets nur Nothwehr, niemals Nothstand entstehen könnte [3]. Dem Angreifer gegenüber befinde ich mich freilich immer

---

[1] Ganz selbstverständlich ergibt sich hieraus, daß zur Nothwehr ein positives Handeln, eine Thätigkeit des Angreifenden vorliegen muß, während dies zur Herbeiführung eines Nothstandes natürlich nicht erforderlich ist. Wenn z. B. ein Arzt einen verwundeten Krieger nicht verbinden will, weil er ihm den Tod zuziehen möchte, so kann man das nicht als Angriff auf das Leben des Soldaten auffassen, und wenn nun Letzterer mit der Pistole in der Hand den Arzt zwingt, ihn zu verbinden, so liegt für den Verwundeten keine Nothwehr vor. Andrerseits folgt daraus nicht, daß er nach § 240 des RStGB. bestraft werden muß, sondern er bleibt straflos auf Grund des Nothstandes.

[2] Beispiele: In Schiffsgefahr werden fremde Waaren über Bord geworfen; Schiffbrüchige, denen die Lebensmittel ausgegangen sind, verzehren einen Genossen; bei einem Brande entsteht ein großes Gedränge nach den Thüren, und ein starker Mann sucht durch Niederwerfen oder Quetschungen Anderer zu entkommen u. s. w.

[3] Dieser Irrthum findet sich noch bei Tittmann, Handbuch I, § 89, not. l. Goltdammer, Materialien zum preuß. StGB. I, S. 413.

in Nothwehr, aber gerade durch den Angriff kann ich, was das Verhältniß zu einem Dritten anbelangt, in den Fall des Nothstandes kommen. Wenn z. B. A mit einem Messer auf mich eindringt, ich fliehe und werfe, um den Ausgang zu gewinnen, den B die Treppe hinunter und verletze diesen dadurch, so bin ich durch den Angriff des A dem B gegenüber in Nothstand versetzt worden; wenn auf einem Blachfelde M ein Gewehr auf N anlegt, und dieser sich nicht anders helfen kann, als daß er einen dritten daneben Stehenden rasch vor sich schiebt, so daß durch dessen Körper die für Jenen bestimmte Kugel aufgefangen wird, so hat N diesem Dritten gegenüber im Nothstande gehandelt¹).

Kein Grund liegt endlich vor, eine andere Beurtheilung für den Fall eintreten zu lassen, daß Jemand durch einen Dritten mit dem Verluste eines Gutes bedroht wird, falls er nicht eine verbotene Handlung begehen würde²). Auch damit ist ein wahrer Fall des Nothstandes gegeben, indem der Bedrohte sich in die Lage versetzt sieht, entweder in eine fremde Rechtssphäre zerstörend einzugreifen oder die Erfüllung der Drohung ruhig über sich ergehen zu lassen, also die Wahl hat zwischen der Erhaltung des fremden und seines eigenen Rechtsgutes. Die Betrachtung, welchen Einfluß der sogen. absolute Zwang für die strafrechtliche Beurtheilung haben muß, gehört allerdings nicht hierher; denn der körperlich zu einer Rechtsverletzung Gezwungene handelt überhaupt nicht: er ist nur Werkzeug in der Hand des Zwingenden; aber durch eine sogen. vis compulsiva, also durch die Vorstellung eines unmittelbar bevorstehenden Uebels wird die Möglichkeit der freien Willensbestim-

---

¹) Ein interessantes Zusammentreffen von Nothwehr und Nothstand gibt auch der vom Schöppenstuhl in Wittenberg im Juli 1809 abgeurtheilte Fall, bei Tittmann „Vorträge und Urtheile über merkwürdige Rechtsfälle" 1815, Nr. 2. Hier hatten einige Bauern nach der Schlacht von Jena zwei feindliche marodirende Soldaten erschlagen, und zwar den Einen, weil er sie angriff, also in Nothwehr, den Andern, weil sie von ihm verrathen zu werden und für sich und die Ihrigen das Schicksal des Dorfes Prießnitz befürchteten, also im Nothstande. (Die Begründung dieses Nothstandes durch den Schöppenstuhl ist die Kant-Feuerbach'sche. In dem erwähnten Falle wurde aber wegen des Excesses eine kurze Gefängnißstrafe ausgesprochen.)

²) Vgl. über das Folgende, wie über diese ganze Lehre bes. Glaser, „Ueber strafbare Drohungen" in den Abhandlungen aus dem österr. Strafrecht. Bd. I, S. 1 ff., insbes. S. 109 ff.

mung in dem Bedrohten nicht aufgehoben, er kann sich dazu entschließen, lieber das angedrohte Uebel zu erleiden, als den Willen des Drohenden zu erfüllen, und mag ihm auch diese Wahl gerade durch die Bedrohung sehr erschwert werden, so liegt doch stets bei seiner Thätigkeit ein selbstständiges Wollen vor [1]). Sehr wohl aber kann durch die Drohungen gerade wegen der Möglichkeit der Wahl ein Nothstand erzeugt werden; es hat dann einfach das Princip der Beurtheilung dieses einzutreten, und es ist nicht für gerechtfertigt zu erachten, wenn man, wie dies auch unser positives Strafrecht thut [2]), den Fall des durch Drohungen herbeigeführten Nothstandes von den übrigen Fällen desselben trennt und einer besonderen Behandlung unterwirft [3]).

So erscheint im Gegensatz zu der Nothwehr die Anzahl von möglichen Entstehungsarten eines Nothstandes als unbegrenzt und unbegrenzbar, und auch das Streben, dieselben in bestimmte allgemeine Kategorien zu bringen, lohnt sich nicht, denn für die Frage nach der rechtlichen Bedeutung des Nothstandes ist die nach der Entstehung desselben gänzlich ohne Einfluß, und nur kurz ist darauf unten nochmals bei der Untersuchung zurückzukommen, in wie weit zur Entschuldigung wegen Nothstandes Unverschuldetsein desselben erforderlich ist.

---

[1]) „Wer durch Drohungen bestimmt wird, ein Verbrechen zu begehen, handelt frei und ist zurechnungsfähig, mit Ausnahme der seltenen Fälle, worin die Angst zur wahren Bewußtlosigkeit wird." Savigny, System III, S. 110.

[2]) RStGB. §§ 52 und 54.

[3]) Es befürwortet dies noch Marquardsen, Arch. d. Cr. R. 1857 S. 400 fg., ohne triftige Gründe aufbringen zu können.

I.
Geschichte der Nothstandslehre.

§ 2. ¹) **Römisches Recht.** Wie wir bei der Art und Weise, wie sich das römische Strafrecht heranbildete, bei den gelegentlichen Gesetzen, welche einem momentanen Bedürfnisse genügen sollten, uns nach ausgeprägten strafrechtlichen Begriffen so oft vergebens umsehen, so ist dies auch bei dem Nothstande der Fall: einen scharf fixirten, allgemeinen Begriff des Nothstandes finden wir nirgends. Nur vereinzelt treffen wir in unseren Quellen auf Stellen, welche die Frage des Nothstandes berühren, sie aber fast durchgängig nur vom privatrechtlichen Standpunkt aus behandeln. Für die juristische Natur ist dies freilich ohne Belang, denn die Verbindlichkeit zum Schadensersatz folgt aus der Schuld des Thäters²); wenn daher die privatrechtliche Entschädigungspflicht bei einer solchen Handlung cessirt, die sonst eine solche Pflicht hervorgerufen hätte, so ist eben damit gesagt, daß auf Seiten dessen, der außerdem ersatzpflichtig sein

---

¹) Auch im jüdischen Rechte finden sich interessante Fälle des Nothstandes, über deren Entscheidung schon damals Streit herrschte. S. z. B. Talmud Pesachim pag. 25 b, wo Jemandem unter Androhung des Todes von seinem Fürsten befohlen wird, seinen Bruder aus der Welt zu schaffen; und bes. Talmud Baba Mezia pag. 62 a. Zwei Reisende, erzählt diese Stelle, hatten sich in einer Wüste verirrt. Einem allein war noch als einziger Rest ihrer Lebensmittel eine Flasche Wasser geblieben; getheilt würden sie beide sterben, Einem allein würde es Kraft verleihen, aus der Wüste zu entkommen. Was schreibt die Pflicht dem Besitzer der Flasche vor? Es erhob sich Ben Petora und sagte: „Es sterben lieber Beide, als daß der Eine Zuschauer des Todes seines Genossen sei!" Aber ihm widersetzte sich Rabbi Akiba aufs energischste, indem er den Satz aussprach und zur Geltung brachte „die Erhaltung des eigenen Lebens geht der des andern vor."

²) Jhering, Schuldmoment im röm. Privatr. S. 40 ff.

würde, keine Schuld vorliegt, und es kann also auch keine Strafe bei einer sonst strafbaren Handlung eintreten. Eine Ausnahme von der erwähnten Regel findet sich nun in C. 2 C. ad leg. Corn. de sicc. 9, 16: Is, qui adgressorem vel quemcunque alium in dubio vitae discrimine constitutus occiderit, nullam ob id factum calumniam metuere debet; wer sich also in Lebensgefahr befindet, darf jedenfalls denjenigen, der ihn angegriffen hat, erschlagen, um sich zu retten, aber er soll auch nicht angeklagt werden, wenn er, um diese Gefahr für sein Leben zu entfernen, einen Dritten getödtet hat.[1]) Dies die einzige Betrachtung und Verwerthung des Nothstandes vom strafrechtlichen Standpunkte aus; es ist zwar auch versucht worden, l. 1 D. de bonis eorum, qui ante sentent. etc. 48, 21 hierher zu ziehen,[2]) allein es dürfte dies daran scheitern, daß „adversarium corrumpere" doch nicht das einzige Mittel ist, um einer Kapitalanklage zu entgehen. Zu der Annahme aber, daß die Römer trotzdem die rechtliche Bedeutung des Nothstandes erkannt haben, nöthigen uns nicht nur die sogleich zu besprechenden Stellen, in welchen von Nothstand die Rede ist, und dieser Begriff bei der Schuldfrage des Thäters benutzt wird, sondern es drängt auch ein nur flüchtiger Blick auf römische Rechtsanschauung dazu. Einem Volke, das nach den Worten Jherings[3]) seinen Ausgangspunkt im Rechte aus der Thatkraft der Individuen hernahm, bei dem das Gefühl der eigenen Berechtigung, gestützt auf die Bewährung der eigenen Kraft und gerichtet auf die Behauptung der Früchte derselben, den ersten Ansatz des Rechtsgefühles bildete, einem solchen Volke kann man nicht die Ansicht unterschieben, daß der Mann, dessen Rechtsgut in Noth ist, verdammt sein soll, auf die Hülfe des Staates zu warten, gehindert sein soll, diese drohende Gefahr, woher sie immer komme, mit eigener Kraft abzuwenden. In der ganzen Sage von der Entstehung Roms reiht sich ein Nothstand der kleinen Niederlassung am Tiberflusse an den andern. Mag man immer die historische Berechtigung dieser Sage anzweifeln, das ist unbestreitbar, daß eine jede solche Erzählung bedeutungsvoll für die ganze Sinn- und Denkweise des Volkes ist, eine psychologische Wahr-

---

[1]) Auch die Glosse bezieht diese Stelle, unter Verweisung auf ff. ad leg. Aquil. l. si quis fumo (49) § 1, auf den Nothstand.

[2]) Wessely, Befugnisse des Nothstandes S. 5.

[3]) Geist des römischen Rechts. Bd. I. (2. Aufl. 1866) S. 107 ff.

heit enthält.¹) So war, um nur eines hervorzuheben, der Raub der Sabinerinnen nur eine durch den Nothstand der Stadt und ihrer Bürger gerechtfertigte Entführung. — Daß aber auch in späterer Zeit, nachdem die Staatsgewalt längst erstarkt war, die Noth den Mann berechtigte, die ihm vom Rechte verliehenen Güter zu schützen, das geht aus der Art und Weise hervor, in der die römischen Juristen der klassischen Zeit ganz leicht und selbstverständlich eine solche Berechtigung des Einzelnen hinstellen.²) So finden wir nur beiläufig und als selbstverständlich angenommen, den von Gaius herrührenden Satz „adversus periculum naturalis ratio permittit se defendere".³) Ulpianus erkennt die Berechtigung der im Nothstande begangenen Verletzung in den Worten an „nec enim iniuria hoc fecit, qui se tueri voluit, cum alias non posset"⁴), und ein dritter klassischer Jurist, Paulus, gibt demselben Gedanken Ausdruck „qui, cum aliter tueri se non possent, damni culpam dederint, innoxii sunt."⁵)

Dieser aus allgemeiner Betrachtung und aus allgemeinen Aussprüchen für das Vorhandensein und die Anerkennung des Nothstandes im römischen Recht gewonnene Beweis ist nun zu verstärken und zu vervollständigen durch Hinweis auf die Stellen, in welchen praktische Fälle mit Bezugnahme auf den Nothstand von römischen Juristen entschieden wurden. Die Besatzung eines Schiffes, welches sich in fremde Ankertaue oder Netze verwickelt hat, ist nach der von Ulpianus gebilligten Ansicht Labeo's von aller Schuld und daher von aller Ersatzverbindlichkeit freizusprechen, wenn sie diese fremden Taue ꝛc. durchhauen hat, um ihr Schiff wieder flott zu machen; l. 29 § 3 D. ad leg. Aquil. 9, 2: Item Labeo scribit, si, cum vi ventorum navis impulsa esset in funes anchorarum alterius et nautae

---

¹) Jhering, a. a. O. Bd. I, S. 96.
²) Auch bei nichtjuristischen Schriftstellern verschiedener Zeiten finden sich eine Menge von Aussprüchen in diesem Sinne; cf. z. B. Cicero, fin. bon. et mal. V, 11. Seneca, l. 4 controv. 27. Claudianus L. 2 in Eutrop. v. 596: „Suprema pericula semper Dant veniam culpae."
³) L. 4 pr. D. ad leg. Aquil. 9, 2. Daß der Satz benutzt wird, um Nothwehr zu rechtfertigen, kann uns nicht hindern, diesen ganz allgemein hingestellten Gedanken für die Anschauungsweise der damaligen Zeit anzuführen.
⁴) L. 3 § 7 D. de incend. 47, 9.
⁵) L. 45 § 4 D. ad leg. Aquil. 9, 2.

funes praecidissent, si nullo alio modo nisi praecisis funibus explicare se potuit, nullam actionem dandam. idemque Labeo et Proculus et circa retia piscatorum, in quae navis piscatorum inciderat, aestimarunt. So klar und verständlich diese Entscheidung jedem Unbefangenen sich zeigen wird, so ist doch von Lehmann[1]) versucht worden, aus dieser Stelle zu interpretiren, daß möglicherweise ein anderer Entschädigungsanspruch in einem solchen Falle begründet sein würde, wie der auf Grund des aquilischen Gesetzes. Allein wodurch diese Ergänzung des genannten Schriftstellers „scilicet ex lege Aquilia" bei der durchaus bestimmten Ausdrucksweise des Juristen „nullam actionem dandam" veranlaßt oder gar gerechtfertigt sein soll, ist nicht einzusehen. — Wer in Schiffsgefahr fremde Waaren über Bord wirft, um die Seinigen zu retten, kann mit keiner Klage belangt werden; l. 14 pr. D. de praescr. verbis 19, 5: Qui servandarum mercium suarum causa alienas merces in mare proiecit, nulla tenetur actione. Hierher gehört auch die bekannte Bestimmung der lex Rhodia in l. 1 D. de leg. Rhod. 14, 2: Lege Rhodia cavetur, ut, si levandae navis gratia iactus mercium factus est, omnium contributione sarciatur quod pro omnibus datum est; daß der Verlust, welcher in solchem Falle erlitten worden ist, von Allen verhältnißmäßig getragen werden soll, macht hier nichts aus. Es ist eben eine ganz besondere, ein Forderungsrecht begründende Bestimmung, welche mit den allgemeinen Grundsätzen über Schadensersatz Nichts zu schaffen hat; hier interessirt nur, zu constatiren, daß derjenige, welcher zur Rettung aus Schiffsgefahr fremde Waaren über Bord wirft, nicht verpflichtet ist, diese Waaren, bez. deren Werth dem Geschädigten zu ersetzen, ein Satz, der mit der l. 14 pr. cit. vollkommen übereinstimmt. Fernerhin soll derjenige, welcher wegen der Gefahr eines Sturmes Waaren aussetzt, nicht der Zollbefraudation schuldig sein, und es soll daher das Eigenthumsrecht der betr. Waaren nicht an den Zollberechtigten, sei es fiscus oder publicanus, verloren werden; l. 16 § 8 D. de publ. et. vectig. 39, 4: Si propter necessitatem adversae tempestatis expositum onus fuerit, non debere hoc commisso vindicari divi fratres rescripserunt. — Die Berechtigung der im Nothstande begangenen Handlung zeigt auch deutlich die von Julianus

---

[1]) Jahrb. f Dogmatik XIII, 5, S. 216 ff.

aufgestellte, von Ulpianus gebilligte Freisprechung des Gläubigers, der seinem flüchtigen Schuldner, über den noch nicht Concurs erklärt ist, nachsetzt und ihm das geschuldete Geld abnimmt; l. 10 § 16 D. quae in fraud. credit. 42, 8: Si debitorem meum et complurium creditorum consecutus essem fugientem secum ferentem pecuniam et abstulissem ei id quod mihi debeatur, placet Iuliani sententia dicentis multum interesse, antequam in possessionem bonorum eius creditores mittantur, hoc factum sit an postea: si ante, cessare in factum actionem, si postea, huic locum fore. Berner[1]) stellt diesen Fall unter den Gesichtspunkt der Nothwehr, indem er die Flucht des Schuldners als Angriff auf das Vermögen des Gläubigers betrachtet. So scharfsinnig dies jedoch auch ausgedacht ist, in der That stellt sich die Handlung gerade des Gläubigers, nicht diejenige des Schuldners, als ein Angriff dar, durch welchen er sein Vermögen schützen will; ein so künstlich construirter, indirecter Angriff, wie ihn Berner annimmt, dürfte zur Nothwehr doch wohl nicht berechtigen. Auch müßte nach der Ansicht Berner's gegen den Dieb immer Nothwehr statthaft sein, auch wenn ich ihn erst nach 20 Jahren im Besitze meiner Sache antreffe, denn in dem Weigern, die Sache herauszugeben, läge dann ein Angriff auf mein Vermögen; richtig ist, daß Berner die l. 10 § 16 cit. nicht einfach als Ausnahme von der Regel, daß Selbsthülfe als Angriff verboten sei, betrachtet wissen will, es ist allerdings „die Consequenz einer durchgreifenden Regel", aber derjenigen der Rechtfertigung wegen Nothstandes. — Eine Anwendung des Nothstandsbegriffes ist auch in l. 16 § 1 D. de liberali causa 40, 12 zu sehen: Si vi metuque compulsus fuit hic qui distractus est, dicemus cum dolo carere. Einem Freien, der über 20 Jahre alt war, wurde, wenn er sich von einem Dritten betrüglich als Sklave verkaufen ließ, um den Kaufpreis mit diesem zu theilen, von dem Prätor die proclamatio in libertatem versagt, und er so zum Sklaven gemacht[2]); diese Strafen sollen nach unserer Stelle wegfallen, wenn der Verkaufte sich in Nothstand befand[3]). — Endlich finden wir

---

[1]) „Die Nothwehrtheorie" im Arch. d. Cr. R. N. F. 1848. S. 588 ff.

[2]) Cf. Dig. 40, 13: quibus ad libertatem proclamare non licet; l. 7, 23 pr. § 1 D. de lib. caus. 40, 12.

[3]) Insoferne in der Versagung der procl. in lib. eine Strafe gefunden werden kann, wird l. 16 § 1 cit. auch für die strafrechtliche Behandlung des Nothstandes unmittelbar in Betracht kommen

die Entscheidung, daß derjenige frei ausgehen solle, welcher bei einem Brande das Haus seines Nachbarn eingerissen hat, um sein eigenes zu schützen¹). Es ist dies ausgesprochen in l. 3 § 7 D. de incend. 47, 9: Quod ait praetor de damno dato, ita demum locum habet, si dolo damnum datum sit: nam si dolus malus absit, cessat edictum. quemadmodum ergo procedit, quod Labeo scribit, si defendendi mei causa vicini aedificium orto incendio dissipaverim, et meo nomine et familiae iudicium in me dandum? cum enim defendendarum mearum aedium causa fecerim, utique dolo careo. puto igitur non esse verum, quod Labeo scribit. an tamen lege Aquilia agi cum hoc possit? et non puto agendum: nec enim iniuria hoc fecit, qui se tueri voluit, cum alias non posset. et ita Celsus scribit; ferner in l. 49 § 1 D. ad leg. Aquil. 9, 2: Quod dicitur damnum iniuria datum Aquilia persequi, sic erit accipiendum, ut videatur damnum iniuria datum, quod cum damno iniuriam attulerit: **nisi magna vi cogente fuerit factum**, ut Celsus scribit circa eum, qui incendii arcendi gratia vicinas aedes intercidit: nam hic scribit cessare legis Aquiliae actionem: iusto enim metu ductus, ne ad se ignis perveniret, vicinas aedes intercidit: et sive pervenit ignis sive ante extinctus est, existimat legis Aquiliae actionem cessare. Ueber diesen Fall waren indessen die römischen Juristen nicht ganz einig. Schon in l. 3 § 7 cit. ist die der angeführten entgegengesetzte Ansicht des Labeo mitgetheilt, die freilich von Ulpianus mit wünschenswerther Bestimmtheit verworfen wurde, und außerdem ist in einem weiteren Fragmente in den Pandekten die Ansicht von Servius erhalten, welcher den betreffenden Thäter nur freispricht, wenn das Niederreißen des Hauses von der Obrigkeit angeordnet war, oder wenn das niedergerissene Haus doch verbrannt wäre. Ueber diese Controverse der römischen Juristen berichtet uns nämlich ferner noch l. 7 § 4 D. quod vi aut clam 43, 24: Est et alia exceptio, de qua Celsus dubitat, an sit obicienda: ut puta si incendii arcendi causa vicini aedes intercidi et quod vi aut

---

¹) Abegg, Lehrbuch S. 168 erklärt, um den Widerstreit dieser Stellen mit seinem allzu engen Nothstandsbegriff zu beseitigen, dieselben dahin, daß im Nothstande z. B. Einreißen eines Gebäudes erlaubt sei, „um einer auch Menschenleben bedrohenden Feuersbrunst eine Grenze zu setzen." Davon steht in den verschiedenen Stellen kein Wort.

clam mecum agatur aut damni iniuria. Gallus enim dubitat,
an excipi oporteret: „quod incendii defendendi causa factum
non sit"? Servius autem ait, si id magistratus fecisset, dandam
esse, privato non esse idem concedendum: si tamen quid vi
aut clam factum sit neque ignis usque eo pervenisset, simpli
litem aestimandam: si pervenisset, absolvi eum oportere. idem
ait esse, si damni iniuria actum foret, quoniam nullam iniuriam
aut damnum dare videtur neque perituris aedibus. Man hat
nun diesen Entscheidungsgrund des Servius sehr urgirt und hat
darauf bestehen wollen [1]), daß das Rechtsgut, welches zum Zwecke
der Erhaltung eines andern vernichtet wurde, außerdem auch unter=
gegangen sein müsse; nur bei einer gemeinsamen Gefahr dürfe man fremde
Sachen preisgeben oder zerstören [2]). Hiergegen ist jedoch Verschiedenes
einzuwenden: 1) Es ist bei dieser Auffassung vollständig übersehen, daß
in anderen Stellen klar und unzweideutig das Recht gegeben wird,
unter bestimmten Voraussetzungen fremde Sachen zur Rettung der
eigenen zerstören zu dürfen, auch wenn die fremden Gegenstände
gar nicht in Gefahr waren; so sind denn auch unsere oben citirten
Stellen (l. 29 § 3 ad leg. Aquil. u. l. 10 § 16 quae in fr. cred.)
von Luden a. a. O. (Not. 1) gar nicht angeführt und berücksichtigt
worden. 2) Zu constatiren ist jedenfalls, daß auch nach der strengeren
Ansicht des Servius immer nur simpli litem aestimandam esse;
jeder pönale Charakter ist durch den Nothstand abgestreift worden.
Allein daraus, daß diese Meinung des Servius, der zufolge die
einfache Ersatzforderung bestehen bleibt, in die Compilation aufgenom=
men ist, läßt sich auf eine gegentheilige Ansicht des römischen Rechts
nicht ohne weiteres schließen. Wenn auch die Erklärung Binding's,
daß die Ansicht des Servius darauf fuße, daß im vorliegenden
Falle zwei gleichwerthige Rechtsgüter concurrirten [3]), wohl nicht für
durchschlagend zu erachten ist, weil in den andern allegirten Stellen der
ganz gleiche Fall des Nothstandes völlig entschuldigt wird, so ist doch
wohl die Erwägung maßgebend, daß nach der ganzen Darstellung

---

[1]) Ueber verschiedene ältere, jetzt ganz aufgegebene Vereinigungsversuche
s. Glück, Commentar, X, S. 330 fg.

[2]) Kritz, exeg.=prakt. Abhandlungen über ausgewählte Materien des
Civilrechts. Leipz. 1821, S. 79 ff. Luden, Abhandlungen I, S. 512. Mar=
quardsen, Arch. d. Cr. R. 1857, S. 402.

[3]) Binding, Normen II, S. 293 fg.

die Aufstellung des Servius eine vereinzelte gewesen und geblieben ist. Alle uns sonst über diesen Fall überlieferte Meinungen römischer Juristen sind zu Gunsten der damals offenbar herrschenden und unserer Ansicht abgegeben worden; auch in der zuletzt citirten Stelle, abgesehen von l. 3 § 7 und l. 49 § 1 cit., stehen Servius die Entscheidungen zweier klassischer Juristen entgegen, und wir haben bei den in den Digesten häufigen Mittheilungen von Controversen und Meinungsverschiedenheiten der römischen Juristen keineswegs das Recht, uns beliebig an eine der angegebenen Ansichten anzuschließen, zumal, wenn dieselbe so vereinzeltda steht, wie die des Servius in unserem Falle¹). Die augenscheinlich herrschende Ansicht der römischen Juristen über unseren Fall ist auch in die Basiliken übergegangen, woselbst die l. 49 § 1 cit. so ausgedrückt ist²): *'Ο Ἀκουίλιος ἄδικον ἐπιζητεῖ ζημίαν. Εἰ δέ τις ἐμπρησμοῦ γενομένου διὰ τὸ σῶσαι τὸν ἴδιον οἶκον καταστρέψει τὸν τοῦ γείτονος, ἀργεῖ ὁ Ἀκουίλιος, εἴτε τὸ πῦρ ἔφθασεν, εἴτε προεσβέσθη* i. e. Aquilia damnum iniuria datum requirit. Quodsi quis incendio orto, suae domus servandae causa, vicinam intercidat, cessat Aquilia, sive pervenerit ignis, sive extinctus sit. 3) Es entspricht auch die von Servius verfochtene Meinung nicht den allgemeinen Grundsätzen über Schadensersatz. Denn es ist zu sagen, daß in einem concreten Falle es noch einen starken, über alle Zweifel hinaussetzenden Nebengrund abgeben kann, daß die Sache ohnehin untergegangen wäre³), allein keineswegs ist der Maßstab für eine Schadensersatzklage in diesem Umstande zu suchen. Es kommt vielmehr bei einer Delictsklage auf die Schadenszufügung im Augenblicke der That an, und wenn zu dieser Zeit ein Ersatzanspruch begründet war, so nützt dem Thäter die Berufung darauf, daß der Schaden später doch erlitten worden wäre, gar nichts, quia non ex post facto, sed ex praesenti statu damnum factum sit nec ne, aestimari oportere Labeo ait⁴). Daher hat Servius zu seiner Entscheidung einen Grund gewählt, der entweder nur adminiculirend ins Gewicht fallen oder gar nicht in Betracht kommen könnte; die richtige Ent-

---

¹) Vgl. auch Löhr, Theorie der Culpa S. 95 fg.

²) Basilika LX, 3 (Fabrot, tom. VII p. 62; Heimbach, tom. V p. 317.)

³) Thibaut im Arch. f. civ. Pr. VIII. (1825) S. 143.

⁴) L. 7 § 4 cit. i. f.

scheidung sowohl, wie den richtigen Grund hat die herrschende Lehre der römischen Juristen in dem Nothstande erblickt, in welchem die schädigende Handlung vorgenommen worden ist.

Nicht gerechtfertigt erscheint es schließlich, wenn Wächter[1]) zur Behandlung unserer Stellen einen besonderen, vom Nothstande geschiedenen Paragraphen wählt; eine Scheidung, die freilich a. a. O. nur durch die Berufung auf den herrschenden Sprachgebrauch gerechtfertigt wird, welcher diese Fälle nicht zum „eigentlichen Nothstande im engeren Sinne" zähle.

Die Behandlung des Nothstandes im römischen Rechte ist demnach folgende: Es wird anerkannt, daß eine strafbare, bez. zum Ersatze verpflichtende Handlung nicht vorliege, wenn Jemand zur Rettung seines Rechtsgutes in dasjenige eines Anderen eigenmächtig eingegriffen, und es wird ohne langes Erwägen als Grund einfach die naturalis ratio angegeben, diese Bestimmung als ganz selbstverständlich angesehen. Die Handlung aber des in Nothstand Befindlichen galt keineswegs für rechtswidrig, sondern in Betreff dieser Frage waltete der Grundsatz ob „nec iniuria hoc fecit, qui se tueri voluit, cum alias non posset"[2]). Wenn nun die Noth so sehr maßgebend bei der Schuldfrage des Thäters erachtet wurde[3]), so wurden doch gewisse Voraussetzungen aufgestellt, unter denen allein der Nothlage des Verletzenden ein solcher Einfluß zugeschrieben wurde, daß Letzterer nicht zur Verantwortung gezogen werden durfte. So wird 1) mit der größten Entschiedenheit in allen Belegstellen hervorgehoben, daß für den Thäter das „aliter se tueri non posse" nöthig sei; erfordert wird also, daß die Gefahr auf keine andere Weise hätte abgewandt werden können, woraus dann von selbst folgt, daß es eine gegenwärtige Gefahr sein mußte, welche den Betreffenden zu der schädigenden Handlung genöthigt hat. 2) Das Rechtsgut, das geschützt werden soll, muß einen größeren oder doch gleichen Werth gehabt haben, als dasjenige, welches zum Zwecke der Erhaltung jenes vernichtet wurde. So dürfen fremde Taue zur Rettung eines Schiffes durchschnitten, fremde Waaren zu dem gleichen Zwecke über Bord geworfen werden; der Nachbar kann sich hinterher über das Ein-

---

[1]) Lehrbuch des röm. teutsch. Strafr. § 56.
[2]) L. 3 § 7 D. de incend. 47, 9.
[3]) Ueber die privatrechtlichen und processualen Wirkungen der necessitas vgl. bes. die Diss. von Nettelbladt, de necessitate ejusque in jure effectu.

reißen seines Hauses nicht beschweren, wenn das daneben stehende (im Großen und Ganzen jedenfalls gleichwerthige) Haus dadurch geschützt wurde u. s. w. Daß man zur Rettung von Leib oder Leben fremde Rechtsgüter, besonders das Eigenthum eines Anderen ungestraft verletzen dürfe, unterliegt schon deßhalb keinem Zweifel, weil man sogar zur Rettung seines Eigenthums befugt war, in der angegebenen Weise vorzugehen, ist indessen auch aus den Stellen zu entnehmen, in denen zur Rettung aus Schiffsgefahr (gewiß auch Gefahr für Leib oder Leben der Schiffenden) fremde Waaren über Bord geworfen werden dürfen. Es ist aber auch anzunehmen, daß man auch fremde Körperintegrität oder fremdes Leben in einem solchen Nothstande, also zum Zwecke seiner eigenen unversehrten Erhaltung ungestraft habe verletzen dürfen; es wird dies in C. 2 C. ad leg. Corn. cit. ausgesprochen, und es ist auch aus der Art und Weise, in welcher Cicero diesen Fall ausführlich vom moralischen Standpunkt aus behandelt[1]), darauf zu schließen, daß er in juristischer Hinsicht als nicht zweifelhaft galt. 3) In wie weit erfordert wird, daß der Nothstand unverschuldet gewesen sei, ist aus unserem Quellenmaterial nicht mit Sicherheit zu beantworten, da nur einmal flüchtig überhaupt davon die Rede ist; vgl. l. 29 § 3 D. ad leg. Aquil. cit. „plane si culpa nautarum id factum esset, lege Aquilia tenendum." 4) Schließlich ist auch im römischen Rechte schon das Erforderniß aufgestellt, daß keine besondere Pflicht zum Aushalten des Nothstandes bestanden habe, und es ist diese Pflicht besonders für den Soldaten ausgesprochen[2]), und sodann für die Sklaven bestimmt worden, daß sie „quotiens dominis suis auxilium ferre possunt, non debent saluti eorum suam anteponere"[3]).

§ 3. Vor der Untersuchung, ob und in welcher Weise das canonische Recht die rechtliche Bedeutung des Nothstandes gekannt

---

[1]) De officiis, III, 23. Im Allgemeinen sagt er zwar bei der sehr spitzfindigen Behandlung dieses Falles „iniurium est"; allein er gibt zu, daß demjenigen, cuius magis intersit, vel sua, vel rei publicae causa, vivere, erlaubt sein soll, sich auf Kosten des Andern zu erhalten. Und späterhin erlaubt er auch dem Sohne, seinen Vater, der hochverrätherische Pläne im Schilde führt, dem Strafrichter auszuantworten.

[2]) L. 6 § 3, l. 9, 10 D. de re militari 49, 16.

[3]) L. 1 § 28 D. do SC. Silan. et Claudian. 29, 5; l. 1 § 29, 32 eod.

habe, sei hier noch der Stellung desselben in den **Bußordnungen der abendländischen Kirche** gedacht, eine Betrachtung, welche sich hinlänglich rechtfertigt durch den Hinweis sowohl auf das große rechts- und culturhistorische Interesse überhaupt¹), welches dieselben haben, als auch auf ihren Einfluß auf das canonische Recht, der sich durch wiederholte Aufnahme in die canonischen Rechtssammlungen deutlich zeigt. Einerseits nämlich lassen sich aus den Bußordnungen nicht selten Ansichten des germanischen Strafrechts entnehmen²), andrerseits aber sind dieselben für das Strafrecht der damaligen Zeit höchst bedeutsam, wenn sie, wie in der Regel, nur kirchenrechtliche Ansichten über das Wesen der Missethaten enthalten. Denn die Kirche betonte ihre Aufgabe und ihren Beruf, die Sünde in der Welt zu bekämpfen und zu vertreiben, auf das energischste, und nahm daher ganz folgerichtig das Recht in Anspruch, alle sündhaften Handlungen vor ihr Forum zu ziehen und daselbst abzuurtheilen. Da nun die damalige Rechtsauffassung diesen Anspruch billigte und sich ihm unterwarf, so folgt daraus, daß eine Handlung, welche die Kirche als nicht strafbar und nicht verbrecherisch erklärte, von der bürgerlichen Rechtsordnung ganz gewiß nicht mehr bestraft wurde³). So ausgedehnt nun auch der Kreis der kirchlich strafbaren Handlungen war, keine Strafe erfolgte, wenn Jemand wegen einer sonst unabwendbaren Noth ein Ge- oder Verbot übertreten hatte. Sogar im Falle einer in Noth begangenen Tödtung drückte die Kirche nicht nur ein Auge zu, sondern sah die Handlung überhaupt nicht als strafbar, ja nicht einmal als unsittlich an, so sehr sie sonst das Vergießen von Menschenblut verabscheute. Als ein Unglück wurde es für denjenigen angesehen, der durch Noth getrieben einen Menschen getödtet hatte, bedauert wurde er; keine Strafe wurde von der Kirche über ihn verhängt, höchstens eine milde Buße ausgesprochen, in keinem Verhältniß stehend zu den sonst üblichen Strafen und Büßungen, welche die Kirche für ein Verbrechen ergehen ließ. Lassen wir nun

---

¹) Auf diese Bedeutung der Pönitentialien hat namentlich **Wilda**, Strafrecht der Germanen S. 114 u. 115 hingewiesen. Vgl. auch **Friedberg**, aus deutschen Bußbüchern. Halle 1868.

²) **Wilda** a. a. O. S. 114.

³) **Holtzendorff**, Handbuch des Strafrechts Bd. 1 § 21 S. 39 ff. u. die daselbst Citt.

die Bußordnungen selbst reden,¹) so ist zunächst zu bemerken Corrector Burchardi C. I²): Fecisti homicidium voluntarie **sine necessitate**, non inhoneste, sed per tuam cupiditatem, ut sua sibi tolleres, et sic eum interfecisti? Si fecisti, XL dies continuos, quod vulgus carinam vocant, ita ut consuetudo est i. p. e. a. debes jejunare et VII annos sequentes sic observes. Auf das hier sehr naheliegende argumentum a contrario braucht wohl kaum aufmerksam gemacht zu werden: die Strafe soll unter der Voraussetzung eintreten, daß der Thäter die Tödtung „sine necessitate" vollführt habe; wenn daher eine necessitas vorgelegen hätte, so würde diese im Nothstande begangene Handlung nicht unter die Strafe der angeführten Stelle fallen, sondern ebenso zu beurtheilen sein, wie Poenit. Civitatense C. XLVII³): Item, si clericus homicidium voluntarie fecerit, debet deponi ab ordine et beneficio et VII annis penitere. Et casualis homicida V annis, si tamen aliqua culpa praecesserit. **Sed si homicidium fuerit necessarium, vel quia aliter evadere non potuit, et si culpa aliqua non fuit, non est irregularis.** Die zum Clericate erforderliche Herzensmilde also, welche sogar verloren geht, wenn der Betreffende im Kriegsdienste Blut vergossen hatte,⁴) ja wenn er nur als Ankläger, Richter ꝛc. bei der Fällung eines Todes= urtheils mitgewirkt hatte,⁵) diese christliche Milde soll durch eine im Nothstande verübte Tödtung nicht verletzt werden. Daß gegen diese Auffassungen auch nicht andere Stellen aus Bußordnungen sprechen, in welchen für eine durch Noth gebotene Tödtung eine Buße ausgesprochen wird, ist schon unter Hinweis auf das Verhältniß dieser Bußen zu den sonstigen Strafen angedeutet worden; es zeigt dies auch Confessionale Pseudo-Egberti C. XXIV⁶): Si quis alium in bello publico occiderit, vel ex necessitate, ubi rem domini sui tuebatur, XL dies jejunet etc., welches zwar eine leichte Buße für die Tödtung ex necessitate anordnet, diese letzte

---

¹) Wir citiren nach **Wasserschleben**, die Bußordnungen der abend= ländischen Kirche. Halle 1851.
²) Wasserschleben, S. 631.
³) Wasserschleben, S. 693.
⁴) C. 1 Dist. LI; c. 24 X de homic. 5, 12.
⁵) C. XXIII. qu. 8. c. 30; c. 5, 9 X ne cler. vel mon. 3, 50.
⁶) Wasserschleben, S. 310.

aber völlig gleich behandelt mit der Tödtung im Kriege, welche von dem canonischen Rechte nicht verworfen oder gar für strafbar gehalten wurde¹). — Auch rein kirchliche Verbote durften im Falle eines Nothstandes übertreten werden, wofür ein Beispiel abgibt Poenit. Theodori I, 7, § 6²): Qui manducat carnem immundam aut morticinam dilaceratam a bestiis, XL dies poeniteat. Si enim necessitas cogit famis, non nocet, quoniam aliud est legitimum, aliud quod necessitas cogit.

Diese Bezugnahmen der Bußordnungen der abendländischen Kirche auf den Nothstand³) sind im **canonischen Rechte** sehr verwendet worden, zu welchem nunmehr überzugehen ist. Was zunächst die allgemeine Auffassung des canonischen Rechts anbelangt, so hat dasselbe mehrere kurze und treffende Aussprüche, in welchen allgemein anerkannt wird, daß eine in Noth vorgenommene Handlung stets entschuldigt sein, nicht unter das Strafgesetz fallen solle; so C. 4 X de R. J. 5, 41: Quod non est licitum in lege, necessitas facit licitum; sodann C. 11 D. I de consecr.: Necessitas non habet legem. Außerdem aber sind im corp. jur. can. eine Reihe von Anwendungen dieses Principes in concreten Fällen erhalten. So soll derjenige, welcher zur Buße fastet, sei es freiwillig oder zufolge priesterlicher Auflage, auch zu anderen Lebensmitteln, wie Wasser und Brod ungestraft greifen dürfen, wenn es ihm unmöglich ist, erlaubte Speisen zu erhalten. Bei der Collision also der Erhaltung von Leib oder Leben und der Verletzung einer Pflicht ist der Gefährdete berechtigt, diese Pflicht zu brechen; ein Fall des Nothstandes, der in diesem Sinne entschieden ist in C. 6 X de poenit. 5, 38: Si illi, qui aliquos dies in pane et aqua ex injuncta sibi poenitentia tenentur perugere, panem quo vescantur, non

---

¹) C. XXIII. qu. 1. c. 5; eod. c. 8: „militare non est delictum"; cf. C. XXII. qu. 5. c. 13.

²) Wasserschleben, S. 191.

³) Vgl. auch Wasserschleben, irische Canonensammlung. Gießen 1874. lib. XXIX, cap. 9, S. 120: Salomon ait: Non grandis culpa est, cum quis furatus fuerit, furatur enim, ut esurientem impleat animam. Ac si dicat: si necessitas famis cogerit quemquam, minoris culpae est, si furetur, sed notandum est, quod non dicit, non culpa est, sed dixit, non grandis culpae est; sicut David fecit in templo, cum esuriret, et ut Christus sabbato concessit, discipulis vellere spicas.

habent, leguminibus, aut piscibus, aut aliis cibariis reficiantur,
si necessitas id exposcat: discretione tamen adhibita, quod
his non ad delicias, sed ad sustentationem utantur; cf. C. 4 X
de R. J. cit. Dasselbe Princip waltet in C. 10 X de jurejur.
2, 24 ob, worin die auch sonst festgehaltene Entscheidung, daß der
Eidbrüchige von der Kirche, wie dem Staate strenge zu bestrafen sei,¹)
nur unter dem Vorbehalte bestätigt wird, daß keine dringende Noth
den Thäter zum Eidbruche geführt habe. — Ganz besonders wird
sodann noch die Straflosigkeit des Diebstahles in Hungers= 2c. Noth
in folgenden Entscheidungen hervorgehoben: C. 3 X de furtis 5, 18:
Si quis propter necessitatem famis aut nuditatis furatus fuerit
cibaria, vestem, vel pecus, poeniteat hebdomadas tres: et si
reddiderit, non cogatur jejunare; C. 26 Dist. V de consecr.: Dis-
cipulos, cum per segetes transeundo vellerent spicas et ederent,
ipsius Christi vox innocentes vocat, quia coacti fame hoc
fecerunt; und bes. C. 8 § 2, 3, 4, Dist. XLVII: ... esurientium
panis est, quem tu detines, nudorum indumentum est, quod tu
recludis, et miserorum est redemptio et absolutio pecunia, quam
tu in terram defodis. Der Hinweis auf die socialistischen Ideen,
welche in den vorliegenden Aussprüchen hervortreten, dürfte nicht ohne
Interesse sein; die Rechtfertigung dieser Entscheidungen wird geradezu
darin gefunden, daß es unsittlich sei, in solchen Fällen die strenge
Exclusivität des Privateigenthums an den von Gott allen Menschen ge=
meinsam verliehenen Gütern aufrecht zu erhalten. — Die Tödtung
eines Menschen wird, übereinstimmend mit den angeführten Grundsätzen
der Bußordnungen, im Falle des Nothstandes, und zwar zur Rettung
von Leib oder Leben für straflos erklärt in C. 38 Dist. L: Quia te
quasi obnoxium judicas, eo quod a Saracenis captus hominem
interfecisse videris, bene facis. Sed quoniam non tua sponte
id fecisse cognosceris, inde canonice nullo modo judicaris.
Schließlich sei hier noch eine Stelle aus den canones poenitentiales
erwähnt, die durch ihre Aufnahme in das corp. jur. can. hinter
das Gratianische Decret eine gewisse praktische Autorität erlangt
haben;²) es heißt nämlich in dem § 17 dieser canon. poenit.: Decimus
sextus est, quod si quis fecerit homicidium propter necessitatem

---

¹) Vgl. insbes. C. 17 X de jurejur. 2, 24.
²) Wasserschleben, die Bußordnungen 2c., in der rechtsgeschichtlichen
Einleitung S. 96 fg.

evitabilem, poeniteat duobus annis; quae licet, si inevitabilis esset, in nullo sibi imputaretur.

Die Stellung des Nothstandes im canonischen Rechte ist hiernach sehr einfach zu fassen: Für den Fall, daß die Erhaltung von Leib oder Leben nur möglich ist durch Begehung einer verbotenen Handlung, soll zu der Vornahme der Letzteren der in Noth Versetzte **berechtigt sein, necessitas facit licitum.** Vorausgesetzt wird auch hier, daß der Nothstand auf andere Weise nicht zu beseitigen, inevitabilis, also auch, daß er gegenwärtig sei, wogegen von einem Erforderniß, daß er unverschuldet sein müsse, nichts zu finden ist. Jedes fremde Gut, welches der Erhaltung des eigenen Lebens entgegensteht, darf vernichtet werden, sei es Eigenthum eines Dritten, oder dessen Leben oder Körperintegrität, sei es die Bewahrung einer Pflicht. Dagegen ist der principielle Unterschied gegenüber dem römischen Rechte hervorzuheben, daß nicht zum Schutze jedes Rechtsgutes der Nothstand berechtigte, eine außerdem verbotene Handlung vorzunehmen; wir finden stets nur Collisionsfälle zwischen der Begehung einer verbotenen That und der Erhaltung der eigenen Existenz.

§ 4. Mit der Untersuchung, ob und in welcher Weise das **ältere deutsche Strafrecht** die Bedeutung des Nothstandes erkannt und anerkannt hat, treten wir in ein von der Theorie seither durchaus vernachlässigtes Gebiet ein. Es ist nun allerdings in den Rechtsquellen der älteren Zeit ein allgemeines Princip in Bezug auf den Nothstand nicht zum Ausdruck gekommen, allein scharfe, treffende Definitionen darf man ja vom älteren deutschen Rechte überhaupt nicht erwarten; daß es aber verfehlt wäre, die Bedeutung des Nothstandes für das ältere deutsche Recht gänzlich zu leugnen, geht überzeugend sowohl aus einer Reihe verschiedener Fälle hervor, welche sich in den Rechtsquellen jener Zeit finden, als auch weisen eine Menge deutscher Rechtssprüchwörter darauf hin, welche alle darin gipfeln, daß die in Noth verübte Handlung entschuldbar sei, auch wenn das Recht sie sonst für strafbar erkläre. Besonders gehören hierher: „Noth kennt kein Gebot; ein besser Recht ist Leibesnoth, als Herrn Gebot; Jeder ist sich selbst der Nächste; Noth sucht Brod, wo sie es findet; ein Nothschlag, kein Todtschlag 2c.[1]), und **Goethe** hat

---

[1]) S. auch **Eisenhart**, Grundsätze der deutschen Rechte in Sprüchwörtern, 3. Aufl. 1823. S. 185 und 459; **Graf und Dietherr**, Deutsche Rechtssprüchwörter, S. 388 ff.

eben diesen Gedanken wiedergegeben, wenn er Wolf und Bär das Urtheil dahin fällen läßt, daß „der leibige Hunger kenne keine Gesetze, die Noth entbinde vom Eidschwur".[1])

Was nun über unsere Frage in den Rechtsquellen dieser Periode überliefert ist, ist im Wesentlichen folgendes:

Es gilt der Grundsatz, daß ein Reisender, der Hunger leidet und menschliche Wohnungen nicht erreichen kann, fremde Eßwaaren und fremde Früchte eigenmächtig zur Stillung seines Hungers und zur Erfrischung seines ermatteten Pferdes an sich nehmen dürfe, und daß er für einen solchen aus Noth begangenen Diebstahl nicht verantwortlich gemacht werden solle. Ebenso soll ihm nicht angerechnet werden, wenn er zum Schutze gegen Kälte oder zur nothwendigen Bereitung von Speisen fremdes Holz oder anderes Brennmaterial entwendet. Lex Visig. VIII, 2, 3: Qui in itinere constitutus cujuscunque forsitan campo applicaverit et ad coquendum cibum aut frigoris necessitate compulsus ignem fecerit, cautus sit, ne ignis longius dilabatur. Aut si in spinis, sive in pabulis siccis, in quibus plerumque flamma nutritur, incendium convalescat, ignem cum crescit extinguat. Quodsi se longius flamma extenderit, et messis, aut area, vel vinea, aut domus, sive pomarium incendio concremetur, tantum quantum flamma consumpsit, reddere vel componere compellatur: quia ignem, quem fecerat, neglexit extinguere. Sachsenspiegel II, 68: Irleget beme wechverdigen manne sin perd, he mut wol korn sniden unde im geven, alse verne also he't gereten mach stande in me wege mit enen vute; he ne sal is aver nicht bannen voren. Görlitzer Landrecht, Cap. XLI, § 2: Of eines wechvertigen mannis pert uffe dem wege mude wirb, und mit eime buze an une wege stet, unde mit dem anbirn sich in daz corn neigit, unde mit sinem swerte obir mit siner sichel in das cornis so vile snibit, daz er sin pert damite irquicquit; darumme ne darf er nieman bezzerin.[²])

---

[1]) Reinecke Fuchs, IX. Gesang; vgl. Reinke de Voss III, 4615 u. ff. „des hungers not geit boven alle not"; „not und dwank brikt ede unde truwe."

[2]) Vgl. auch l. Visig. VIII, 4, 27.

Nach nordischen Rechten durfte auch ein armer Mann, der keine Arbeit erhalten konnte, Lebensmittel ungestraft entwenden, um sich oder die Seinigen vom Hungerstode zu retten. Freilich nur zweimal, „das brittemal sei er huin und misse Haut und Ohren" Wilda, Strafr. der Germ. S. 940.

In gleichem Sinne sprechen sich verschiedene Landfrieden mit einer fast wörtlichen Uebereinstimmung aus, welche darauf schließen läßt, daß man diese Bestimmungen für selbstverständlich und allgemein angenommen ansah; so Friderici I. Imp. Constitutio de pace tenenda et ejus violatoribus, 18. Sept. 1156 Nr. 19[1]); Landfrieden Friedrich's I. v. 18. Febr. 1179[1]); Heinrici regis treuga Jul. 1230 Nr. 7.[1])

Die Noth wurde auch oft gar nicht so strenge aufgefaßt, z. B. heißt es im edict. Rothar. c. 305 ... si iterans homo propter utilitatem suam foris clausuram spulaverit, non sit ei culpa; und leg. feudorum II, 27 § finalis: Quicunque per terram transiens equum suum pabulare voluerit, quanto propinquius secundum viam stans in loco amplecti potuerit ad refectionem et reparationem equi sui, impune ipsi equo porrigat. Licitum sit etiam ipsi uti herba et viridi silva: et sine vastatione aliqua quilibet utatur pro sua commoditate et usu necessario.

Auch durfte der Ackermann, dessen Pflug, Wagen ꝛc. reparaturbedürftig ist, für augenblickliche Nothdurft in fremdem Walde ungestraft Holz fällen und für sich verwenden.[4])

Ein altes Recht war es ferner, daß der Fuhrmann in Nothfällen, wenn nämlich die öffentliche Straße unpassirbar war, von dieser abweichen und über fremde Aecker ungestraft fahren durfte[5]); Lex Visig. VIII, 4, 24: Si iter clausum aut constrictum sit, rumpenti sepem aut vallum nulla calumnia moveatur.

---

[1]) Monum. Germ. L. L. II. p. 103. — Die Stelle stimmt wörtlich mit dem unten cit. leg. feud. II, 27 § finalis überein.

[2]) Boehmer-Ficker, acta imp. sel. p. 131: Si viator equitans necesse habuerit pascere equum suum, pedem unum ponat in via et falce vel cultro quantum expedit de frugibus rescocet et in via equum suum reficiat et inde nihil de frugibus deferat; gramen non incidat, sed in ipso gramine equum suum quod satis est pascat.

[3]) Monum. Germ. L. L. II, p. 267: Viator in via, unum pedem tenens equo suo, cultello gladio vel falce segetes incidere potest, ut ipsum reficiat, ita quod nihil inde deferat. Si autem segetes aliter inciderit et aliquid inde detulerit, pacem violaverit, fur suspendetur.

[4]) Grimm, Rechtsalterthümer S. 402, 517, 518.

[5]) Wilda, Pfändungsrecht, in der Zeitschrift für deutsch. Recht, Bd. I, S. 276 ff. Eine ähnliche Bestimmung, wie die oben angeführte ist im römischen Recht in l. 14 § 1 D. quomadm. serv. am. 8, 6 enthalten

Berechtigt wurde sodann noch die Verletzung oder Tödtung eines Thieres angesehen, welches den Thäter bedroht hatte, ein Fall, der ganz besonders immer hervorgehoben wurde und fast in allen Volksrechten und den Rechtsbüchern wiederkehrt; nur folgende Hauptstellen seien daher hier angeführt, welche diesen allgemein verbreiteten und anerkannten Satz behandeln: Lex Burgund. XXIII, 2: Si quodlibet animal, dum de messe, prato, vinea, aut area annonaria expellitur, impalaverit, nihil ab eo qui expulit, requiratur. cf. 4 eod. Lex Alam. LXXXIV, 5: Si quis canem, qui curtem defendit alicujus, occiderit, uno solido componat. Et si ipse canis cum per vestimentum adprebenderit, et eum quasi volens percusserit, et mortuus fuerit: juret ut per invidiam non fecisset nisi ad defendendum; donet alium catellum qui jugo transpassare possit. Lex Bajuvar. XIX, 10: Si autem canis per vestimentum aut per membrum hominem tenuerit, et de manu eum percusserit, ut moriatur, similem reddat, et amplius non requiratur. Et dominus canis quod canis fecit componat medietatem ac si ipse fecisset. Si hoc noluerit, canem non requirat. Rechtsbuch nach Distinktionen II, 9, 3: Sleth eyn man eynen hund zcu tode, eynen bern, affen obber ander thire, in des als is ome schaben wel: he blibet bez ane wandel, ab her baz gewern tar zcu den heyligen, baz her baz getan habe in nodwer; ebenso Eisenach'sches Rechtsbuch III, 67. — Aus dem Sachsenspiegel sind hier anzuführen II, 62, § 2¹), und III, 48, § 4¹); aus dem Schwabenspiegel c. 278: Unde ist aber, baz ein hunt einen man anvellet, unde in bizet in sin gewant oder in sine bloze hut, soa baz an dem sinem libe ist unde slehet er in ze tode: er sol im als einen guoten geben als jener war, unde niht phenninge (d. h. keinen Pfennig).

Im Falle der Noth gaben die Friesen, nachdem sie all ihr

---

¹) Sleit en man enen hunt bot ober beir ober en ander bier binnen des it ime scaben will, he blift des ane wandel, of he dat geweren, darn uppe'n hilgen, dat he't notweringe debe.

²) Belemt aver en man enen hunt ober sleit he ine bot, dar he ine biten wel, ober dat he sin ve bit up der strate ober uppe'n velde, he blift is ane wandel, geweret he't uppe'n hilgen, dat he ime anderes nicht gesturen ne kunde.

Gut erschöpft hatten, ihre Frauen und Kinder in Knechtschaft,¹) um den von Drusus auferlegten Tribut zu zahlen und im Falle eines Nothstandes war es noch späterhin gestattet, wenn auch vielleicht noch so selten ausgeübt, seine Kinder in Sklaverei zu geben.²)

Wenn so die Noth den Vater berechtigte, Sohn und Tochter in Knechtschaft zu verkaufen, so galt nicht minder der im Nothstande einem Anderen zugefügte physische Tod als gerechtfertigt. Das Märchen vom kleinen Däumling, den sein armer Vater mit seinen Brüdern im Walde aussetzte, weil er sie nicht ernähren konnte, ist nicht neu, schon aus dem Jahre 850 erzählen uns die annales fuldenses³) von einem Thüringer, welcher sein Kind wegen Hungersnoth schlachten und verzehren wollte, und davon nur in einer wunderbaren Weise durch Auffinden eines jungen Rehes abgehalten worden sei. Und fernerhin wird uns berichtet, daß zu einer Zeit, in welcher das Christenthum bereits einzudringen begann, auf Island in einer Volksversammlung beschlossen wurde, daß wegen Hungersnoth alle Greise, Lahme und Sieche getödtet werden sollten, ein Beschluß, dem sicherlich früher schon manche gleiche bei gleicher Nothlage vorausgegangen sind.⁴) Auch wird in einem Landfrieden Friedrich's I. nur dann ein Todtschläger mit Strafe bedroht, „si omnibus manifestum hoc fuerit, quod **non necessario**, sed voluntate illum occiderit."⁵)

§ 5. Diese in den Quellen des älteren deutschen Rechts erwähnten Fälle des Nothstandes, welche höchst wahrscheinlich nur als Beispiele für einen allgemeinen, als selbstverständlich erachteten Gerichtsgebrauch aufzufassen sind, sind bei der Abfassung der **peinl. Halsgerichts-Ordnung Kaiser Karls V.** ebenso wie das römische Recht voll-

---

¹) Tac. Ann. IV, 72: ao primo boves ipsos, mox agros, postremo corpora conjugum aut liberorum servitio tradobant.

²) Grimm, Rechtsalterthümer S. 461. Geiler v. Kaisersp. in der Abh. „wie ein Kaufmann sein soll": Der vatter in hungersnot mag er den sun verkaufen und sunst nit. Vgl. auch über die Einschränkungen des Verkaufs von Söhnen (de his, qui filios suos qualibet necessitate seu famis tempore vendiderint) die ausführlichen Bestimmungen des Capit. Carol. Calvi a. 864 c. 34.

³) Monum. Germ. I, p. 366 seqq.

⁴) Grimm, Rechtsalterthümer S. 487.

⁵) Friderici I. Imp. Constit. de pace tenenda et ejus violatoribus, Monum. Germ. L. L. II p. 101.

ständig unbeachtet und unberücksichtigt geblieben. Es greift vielmehr die Carolina allein den im canonischen Rechte öfter wiederkehrenden und bes. betonten Fall heraus, daß Jemand in rechter Hungersnoth fremde Eßwaaren entwendet, ohne daß sie anderer Fälle des Nothstandes gedenkt. Dieser erwähnte Fall wird nun zunächst in Art. 166 behandelt: **Stelen inn rechter hungers nott.** „Item so jemandt durch recht hungers not, die er, sein weib oder kinder leiden, etwas von essenden dingen zu stelen geursacht würde, wo dann der selb diebstal tapffer groß und kündtlich wer, sollen abermals richter und urtheyler rabts pflegen. Ob aber derselbigen dieb eyner unsträfflich erlassen würd, soll im doch der kläger umb die klag beßhalb gethan nichts schulbig sein." Der Text dieses Artikels stimmt mit dem des Art. 173 des zweiten Projectes von 1529 überein; die Bambergensis dagegen in Art. 192 und das erste Project von 1521 in Art. 173 haben im Mittelsatz folgenden abweichenden Text: „und doch derselbig biebstal **nicht** sunderlich groß geverblich oder schädlich were..", und demgemäß hat Zöpfl in seiner die Bambergensis, die 2 erhaltenen Projecte und die CCC zusammenstellenden Ausgabe in der CCC vor „tapffer" ein „nicht" eingeschoben. Allein es wird dies weder durch irgend eine Ausgabe der CCC, noch durch eine der lateinischen Uebersetzungen, noch durch die hessische Halsgerichtsordnung Art. 141 unterstützt; es wird daher eine Aenderung der Bambergensis anzunehmen sein, um so mehr, als die geänderte Ansicht der CCC der Bestimmung der Bambergensis und des ersten Projectes bei weitem vorzuziehen ist.[1]) — Der zweite Artikel der CCC, welcher unsere Lehre behandelt, ist Art. 175. Dieser lautet in der jetzt allgemein angenommenen Fassung: „Item so sollen auch die biebstall, so an geweichten dingen und stetten begangen, die hungers nott, auch jugent und thorheyt der personen, wo der eyns mit grundt angezeygt würde, auch angesehen, und wie von weltlichen biebstalen beßhalb gesetzt ist, darinn gehandelt werden." Güterbock[2]) bemerkt hierzu richtig, daß der Nominativ „die biebstall" nicht zu dem folgenden Verbum passe, und daß daher dieser durch Mißverständniß entstandene, vom zweiten Projecte Art. 182 ab in allen Texten wiederkehrende Fehler im Sinne der Bambergensis

---

[1]) Vgl. Güterbock, die Entstehungsgeschichte der Carolina ꝛc. Würzburg 1876. S. 242—3.

[2]) A. a. O. S. 245.

Art. 201 und des erften Projectes Art. 182 in „doch soll in geyst=
lichen diebstalen die hungers not... angesehen werden" geändert
werden müſſe. In Betreff des Inhaltes entſtehen durch dieſen Textes=
fehler keine Schwierigkeiten.

In der ſich auf die CCC gründenden **gemeinrechtlichen Doctrin**
finden wir nun auch die erſte wiſſenſchaftliche Betrachtung der Noth=
ſtandslehre.

Den Gloſſatoren iſt zwar die Bedeutung des Nothſtandes
auch bekannt geweſen: die C. 2 C. 9, 16 legen ſie, wie oben bemerkt,
in unſerem Sinne, als einen Nothſtandsfall enthaltend, aus, zu den in
unſere Lehre einſchlagenden Stellen des römiſchen Rechts führen ſie
bisweilen Parallelſtellen an, und Bartolus ſagt in der dem Texte
der l. 49 § 1 D. 9, 2 vorgeſetzten Summe geradezu: Not. quod
quis potest destruere alienum, ne destruatur suum. quia hoc
videtur facere magis causa defensionis, quam offensionis. Allein
im Ganzen genommen ſind dieſe Ueberbleibſel der Gloſſatorenlehre
zu lückenhaft und unvollſtändig, als daß ein ſicherer Schluß auf eine
feſtſtehende Theorie jener Zeit gezogen werden könnte, auch läßt uns
die Gloſſe gerade bei der oben erwähnten Controverſe der römiſchen
Juriſten gänzlich im Stiche.

Auch die italieniſche Schule iſt für die Geſchichte der
Nothſtandslehre von geringem Intereſſe; die Aelteren unter den
hierher gehörigen Juriſten erwähnen den Nothſtand und deſſen
Bedeutung gar nicht, noch Hippolytus de Marſiliis
ſpricht nur von der Nothwehr als Strafausſchließungsgrund[1]),
und erſt Clarus greift aus dem canoniſchen Rechte den nun=
mehr zum exemplum tralatitium werdenden Fall des Stehlens
in Hungersnoth auf, und ſtellt dieſes Wegnehmen von Lebensmitteln
als erlaubt hin, ohne freilich die Sache einer näheren Erörterung
zu unterziehen; rec. sent. lib. V § furt. n. 24: Quandoque etiam
excusatur quis a poena furti propter necessitatem; nam tempore
extremae necessitatis licitum est furari. In der Lehre von der
Tödtung berührt er dann ebenfalls den oben angeführten, ſchon von der
Gloſſe hervorgehobenen Fall, wonach „insultato non solum licet,
occidere ipsum insultantem, sed etiam licet occidere alium non

---

[1]) So iſt auch jedenfalls cons. XI n. 1 nur von dem Falle der Noth=
wehr zu verſtehen.

offendentem, si ab illo insultante se aliter defendere non poterat, nisi istum interficeret,¹)" — und spricht sich endlich für die Straflosigkeit desjenigen aus, der durch Drohungen genöthigt wurde, ein Verbot zu übertreten.²) Eine fast wörtliche Uebereinstimmung findet man sodann bei Farinacius,³) welcher nur in Betreff des durch Drohungen zu einer Uebertretung Bestimmten darin abweicht, daß er nicht straflos lassen, sondern nur mit einer geringern Strafe belegen will.⁴)

Was aber den Zustand der Strafrechtswissenschaft in Deutschland anbelangt, so ist es bekannt, daß die CCC durchaus nicht im Stande war, sofort nach ihrem Erscheinen ein gemeines Strafrecht zu schaffen, daß insbesondere die Jurisprudenz grenzenlos hochmüthig sich ihr gegenüber verhielt, ruhig die breiten und ausgetretenen Spuren der italienischen Schule forttrat und erst einigermaßen auf die CCC Gewicht legte, als dieselbe in das Lateinische übersetzt war; es erklärt sich daher, daß wir in diesem Zeitalter des Perneber, Gobler u. s. w. in Betreff unserer Lehre in den criminalistischen Werken gar nichts entdecken können. Es war Berlich, welcher auch in dieser Lehre den Anstoß zu einem wohlthätigen Fortschritt gab, und Carpzov, welcher durch geschickte Weiterbildung von Jenes Resultaten die Grundlage für die nun folgende gemeinrechtliche Theorie schuf. Ihren Ausgangspunkt nahm Letztere von der Interpretation der angeführten Art. 166 und 175 der CCC, und zwar war im Ganzen das Streben auf eine Ausdehnung der gesetzlichen Bestimmungen gerichtet, indem man nicht nur wegen Hungersnoth das Wegnehmen von Eßwaaren für erlaubt hielt, sondern dieses nach beiden Richtungen hin analog ausdehnte und ebenso den Kreis der Personen, für welche dieser Diebstahl ungestraft vorgenommen werden durfte, zu erweitern bestrebt war. Freilich mußte bei aller analogen Anwendung und Ausdehnung des Art. 166 und des ihn ergänzenden Art. 175 der erhaltene Begriff des Nothstandes stets innerhalb gewisser und zwar enger Grenzen bleiben, über die man ihn nicht hinausführen durfte, wollte man anders auf dem Boden des Gesetzes stehen bleiben.

---

¹) Loc. cit. § homicidium n. 31.
²) Practica criminal. § fin. qu. 60 n. 17.
³) Op. crim. pars quarta. Francof. 1602. lib 1. cons. II n. 4 seqq.
⁴) De poen. temper. qu. XCVII cas. I n. 23 u. 24.

Daher treffen wir auch nur ganz vereinzelt schüchterne Versuche innerhalb der älteren gemeinrechtlichen Doctrin, die darauf abzielen, eine allgemeine strafrechtliche Bedeutung des Nothstandes zu begründen, und sich bestreben, das der damaligen Jurisprudenz geläufige Bild des Nothstandes nur als Anwendungsart eines weitergehenden Princips erscheinen zu lassen[1]), im allgemeinen ist die Theorie des gemeinen Rechts nie über den Nothstandsbegriff hinausgekommen, der sich auf den erwähnten Bestimmungen der CCC aufbauen läßt. Was aber die Doctrin durch richtige Interpretation der CCC gefunden und wie weit ihr die Praxis ihrer Zeit beigestimmt hat, dieses frühere gemeine Recht in Bezug auf den Nothstand nunmehr zu entwickeln, soll zunächst unsere Aufgabe sein.

Der allgemeine Satz in Bezug auf den Nothstand, welcher sich auf den Bestimmungen der CCC aufbaute und durch das bunte Getriebe einander widerstreitender Ansichten stets zu erkennen ist, lautet dahin, daß ein Nothstand dann anzunehmen sei, wenn Jemand zu wählen habe zwischen der eigenen Erhaltung und derjenigen bestimmter Personen und zwischen der Respectirung fremden Eigenthums; wer in solchem Falle rechter Noth zu dem Zwecke seiner Erhaltung und nur zu diesem Zwecke in fremdes Eigenthum eingreift, soll nicht bestraft werden.[2]) Schon von jeher stritt man über die

---

[1]) Am weitesten geht unter den Schriftstellern des vorigen Jahrhunderts **Stryk**, de jure necessitatis (in dess. opp. Vol. XII, 20); er sucht allgemein die Berechtigung einer im Nothstande verübten Handlung rechtsphilosophisch zu begründen (c. I § 5) und definirt (c. I § 6) den Nothstand als „vis compulsiva premens et cogens, id facere, quod alias non faceremus licitumque reddens id, quod alias secundum leges illicitum est." Nothstand entschuldigt nach ihm nicht nur Eingriff in fremdes Eigenthum, sondern unter den nöthigen Voraussetzungen jede Gesetzesübertretung; er bespricht das Brett der Schule und nimmt Rücksicht auf das RR. bes. die lex Rhodia (c. II bef. §§ 12—15). Dazwischen sind jedoch manche Unklarheiten und besonders Verwechselungen von Nothstand und Nothwehr untergelaufen (s. c. II §§ 16, 17; III §§ 9—11) und jedenfalls haben seine Ausführungen nicht den Beifall seiner Zeitgenossen errungen.

[2]) Carpzov stellt nach dem Vorgange Berlich's (concl. XLIV n. 41 seqq.) in seinen pract. nov. etc. qu. 83 n. 42 als regula generalis auf: quicunque necessitate famis coactus furtum committit, poena ordinaria affici non debet, und folgert aus diesem Satze dann, daß irgend welche Strafe immer eintreten müsse; in der That lauten einige von ihm citirten Schöffen-

Natur der im Nothstande vorgenommenen Verletzung, indem sich namentlich zwei Ansichten[1]) einander gegenüber standen, einmal nämlich die Auffassung, daß eine Handlung im Nothstande die Ausübung eines dem Betreffenden zustehenden Rechtes sei[2]), und sodann die Meinung, daß eine solche Handlung eine Rechtsverletzung sei, die aber aus gewissen Gründen entschuldigt werde.[3]) Da aber in dem früheren gemeinen Recht diese Frage stets nur sehr kurz berührt wird, und da fernerhin in der späteren Theorie häufig Ansichten dieses Zeitalters aufgegriffen und neu in ausführlicher Weise verfochten werden, so wird die erwähnte Frage besser unten im Zusammenhange erörtert und ist an dieser Stelle dagegen eine Reihe von Voraussetzungen zu erwähnen, welche gegeben sein müssen, damit ein Nothstand der angeführten Art die Wirkung der Straflosigkeit habe:

1) Es muß eine wahre Noth vorgelegen haben, ebenso wie die CCC nur von „rechter Hungersnoth" spricht; es wird daher auch gefordert, daß dem Thäter kein anderes Mittel offen stand, um diese Noth von sich abzuhalten. Außer dem Falle der Hungersnoth erwähnen die Schriftsteller besonders gern noch den Fall, daß Jemand fremde Kleidungsstücke wegnimmt, um sich gegen das Erfrieren zu schützen[4]); jedenfalls aber wird auch von denjenigen, welche sich auf dieses weitere Vorkommniß nicht beschränken, verlangt, daß für den Ausführenden eine Lebensgefahr vorgelegen habe, die That zur Erhaltung seiner Existenz unumgänglich nothwendig gewesen sei[5]).

---

sprüche dahin (cf. n. 50—53); allein durch die angezogene Stelle der CCC wird dieser Satz nicht bewiesen, und es ist daher diese Aufstellung Carpzov's mit Recht von Wächter, Lehrbuch d. röm.-teutsch. Strafr. § 55 als eine ungerechtfertigte Willkür bezeichnet worden.

[1]) Hierzu kam später noch Quistorp, Grunds. des peinl. Rechts I § 374, nach welchem durch die höchste Noth der Vorsatz ausgeschlossen werden sollte. S. unt. S. 42.

[2]) Vgl. bes. Schott, de furto fam. dom. comm. § 14 seqq. Boehmer, meditt. in CCC ad art. 166 § 1. Leyser, meditt. ad pand. sp. 537, 1. 2.

[3]) Matthaeus, de crimin. ad. Dig. 47, 1; I. § 27. Fritsch, de praesid. necess. contra legem § 7.

[4]) Berlich, concl. XLIV n. 42. Carpzov, l. c. qu. 83 n. 46, vgl. jedoch auch n. 38. 39. Remus, nemesis Carolina art. 166. Kress, comm. in CCC ad art. 166. § 3.

[5]) Stryk, de jure necess. II § 7. Schott, l.c. § 8. Koch, instit. jur. crim. II, 1 § 174.

2) Nur von dem Falle der Hungersnoth spricht das Gesetz, daher ist es begreiflich, daß es auch nur Dinge nannte, welche dem fremden Eigenthum und Besitz zu entziehen gerade die Hungersnoth Veranlassung geben konnte. Das den Urtheilern vorgehaltene Beispiel der Hungersnoth macht das weitere Beispiel des Stehlens von Lebensmitteln nothwendig. Die CCC spricht von „essenden Dingen", die in solchem Falle weggenommen werden dürfen, aber es ist auf Grund der gegebenen Erwägung die Ansicht zu eng, welche darauf gestützt, daß der Grund der Straflosigkeit „die besondere Größe des Reizes" sei, bei dem Wegnehmen anderer Gegenstände Strafe eintreten lassen will[1]). Ja selbst innerhalb des Begriffes der „essenden Dinge" haben sich manche Juristen zu verkehrten Einengungen verleiten lassen; so entwickelt z. B. Walch[2]) folgende Ansicht: Es dürfen solche Sachen, die man verkauft, um Speisen zu kaufen, oder die man geradezu gegen Speisen umtauschen kann, nicht gestohlen werden; ja man darf in solchem Falle der Noth auch keine Getränke ungestraft nehmen, denn das Gesetz redet nur von essenden Dingen, wenn es auch Getränke gemeint hätte, „profecto eorum mentionem fecisset" (!); auch könnten ja die Durstigen, meint er, Wasser trinken „quae ipsis profecto numquam deficiet". Auch Simon[3]) hat nicht erkannt, daß mit dem Ausdrucke „essende Dinge" offenbar Lebensmittel überhaupt gemeint sind, und schließt das Wegnehmen von Getränken aus; doch gibt er zu, daß ein Kranker, der sterben würde, wenn er keinen Wein, Bier ꝛc. bekäme, dieses stehlen dürfe. — Gegen diese und ähnliche Einschränkungen spricht nun einmal der Art. 175, in welchem ein in Noth verübter Diebstahl auch bei anderen Gegenständen, als Lebensmitteln für entschuldbar gilt[4]), und sodann ist der oben erwähnte Grund durch-

---

[1]) So Feuerbach, Lehrbuch § 321; allein der Grund der Straflosigkeit ist eben die drängende Noth, neben welcher eine besondere Größe des Reizes aufzustellen gar keine Veranlassung vorliegt. S. gegen Feuerbach auch Morstadt, Commentar zu F. und Mittermaier in seiner (14.) Herausgabe des F. Lehrbuches.

[2]) De furto fame dominante facto § 8.

[3]) De ablatione rei alienae in casu necess. thes. IV.

[4]) Kress, comm. in CCC not. 4 zu Art. 166; Morstadt, Comm. zu Feuerbach § 321 N. 1. A. M. Schott, l. c. § 20 Anm. 6.

schlagend, auf den gestützt die herrschende Lehre des gemeinen Rechts[1]) sich mit Recht, ebenso wie für die Zulassung auch anderer Noth als Hungersnoth, stets für die Ausdehnung erklärt hat, dahin also, daß fremde Sachen jeder Art ungeahndet weggenommen werden dürften, sobald dies zur eigenen Erhaltung nothwendig wäre. Bis hierher, aber auch nicht weiter, hat sich die Theorie gewagt, sie hat mit andern Worten immer festgehalten, daß man zum Zwecke der Lebensrettung in fremdes Eigenthum eingreifen dürfe, weitere Verletzungen durch die Fürsorge für die eigene Existenz nicht gerechtfertigt werden; als Nothstand wird also nur angesehen eine Collision des eigenen Lebens und fremden Eigenthums.

3) Daß auf die eigene Noth des Handelnden ein Nothstand der gegebenen Art nicht einzuschränken sei, darüber waren mit Recht alle Juristen einverstanden, allein die Frage, für welche Personen Jemand bei einer solchen Noth in fremdes Eigenthumsrecht ungestraft eingreifen dürfe, war in der gemeinrechtlichen Lehre sehr bestritten, und eine Menge widerstreitender Ansichten, von der an, daß im Nothstande für jeden andern Menschen eine Rechtsverletzung vorgenommen werden dürfe[2]), bis zu der Meinung, daß nur ein für „sein Weib oder seine Kinder" vorgenommener Diebstahl straflos bleibe[3]), ist in den juristischen Schriften über diesen Gegenstand vertreten. Als richtige Ansicht dürfte für das frühere gemeine Recht auf Grund der CCC wohl diejenige aufzustellen sein, daß man für jede Person, die in einer solchen Noth ist, fremdes Eigenthum verletzen darf, für welche man durch eine nähere verwandtschaftliche Beziehung rechtlich oder auch nur naturaliter zu sorgen verpflichtet ist[4]); es würde also außer dem Falle des Stehlens für

---

[1]) Carpzov, l. c. n. 47. 48. Kress, l. c. not. 4. Koch, l. c. Schott, l. c. § 20. Tittmann, Handbuch § 89 Note o. Grolman, Grundf. § 138 Anm. b. Abegg, Lehrbuch § 352 Note 723 u. A. m.

[2]) Schultz, de del. pro amico. Gedan 1689. Tittmann, a. a. O. Note m. Boehmer, l. c. § 3 leitet dies fälschlicherweise aus dem Art. 150 der CCC her, welcher sich nur auf Nothwehr bezieht.

[3]) Feuerbach, Lehrbuch § 321 Anm. 2.

[4]) So auch Walch, l. c. §. 11. Grolman, Grundf. § 138 Note a. Schott, l. c. dehnt es auf die Eltern aus; bei einem Diebstahl für andere nahe in Noth befindliche Verwandte nimmt er wenigstens favor necessitatis in Anspruch.

Kinder oder den Ehegatten auch das Wegnehmen fremder Sachen für Eltern, Enkel, Geschwister ꝛc. gerechtfertigt sein. Daß man annimmt, wie das Richtige wäre[1]), daß für jede Person im Nothstande eine außerdem verbotene Handlung begangen werden dürfe, dagegen spricht die ausdrückliche Festsetzung gewisser Personen seitens des Gesetzgebers, wogegen andrerseits auf die Gesetzesworte der CCC sich doch nicht wohl einzuschränken ist, wenn man anders festhält, daß der Art. 166 nur als Fixirung des geläufigsten Falles angesehen werden kann.

4) Schon in der gemeinrechtlichen Doctrin bestand die Controverse, ob ein Nothstand, in welchem der Thäter durch sein Verschulden gerathen sei, einen Eingriff in fremdes Eigenthum entschuldbar mache?[2]) Es hat jedoch die Besprechung dieses noch immer streitigen Punktes unten ausführlicher zu folgen; jedenfalls gibt der Art. 166 der CCC zu einer Verneinung der Frage nicht den geringsten Anlaß.

5) Eine für uns abgethane Streitfrage der älteren Juristen war sodann, ob eine in rechter Noth begangene Entwendung von Sachen Dritter auch dann straflos sei, wenn dieser dadurch ebenfalls in dringende Noth versetzt werde? Koch referirt über dieselbe noch sehr ausführlich und vertheidigt mit großem Eifer die Bejahung der angegebenen Frage[3]), neuerdings wird sie kaum noch beiläufig erwähnt[4]). Für die Theorie des gemeinen Rechts war dieser Punkt aber gar nicht zweifellos, es würde vielmehr unseres Erachtens die Consequenz zur Verneinung der Frage geführt haben. Denn wenn A dem B dessen letztes Brot wegnehmen will, so ist das ebenso eine Collision von Leben und Leben, wie wenn A den B von einem Brette im Schiffbruche herabstößt, das im Eigenthum des B gestanden hat; ein derartiger Nothstand war aber, wie wir gezeigt haben, von der gemeinrechtlichen Doctrin nicht als Strafausschließungsgrund anerkannt.

---

[1]) S. unten S. 80.
[2]) Dafür unter den Aelteren bes. Simon, abl. roi al. in casu necess. thes. XVI. Boehmer, meditt. in CCC § 7. Walch, l. c. § 17; dagegen Schott, de furto ex necess. comm. § 9 und Koch, instit. jur. crim. § 174 Note.
[3]) Instit. jur. crim. II, 1 § 174 in der Note.
[4]) Angeführt ist die Controverse noch bei Littmann a. a. O. Note v.

6) Was den Passus des Art. 166 „wo dann derselb diebstal tapffer groß und kündtlich wer, sollen abermals richter und urtheyler (als obsteht) raths pflegen" anbelangt, der auch zu mannigfachem Streit und ebenso weitschweifigen, wie unnützen Erörterungen Anlaß gegeben hat¹) so ist derselbe dahin zu erklären, daß bei kleinen Diebstählen der angegebenen Art ohne weiteres Straflosigkeit des Thäters anzunehmen sei, daß dagegen bei dem Entwenden sehr werthvoller und bedeutender Gegenstände die Urtheiler genau prüfen sollen, ob diese Wegnahme nur geschah, um die Noth zu entfernen, oder ob nicht, wie bei großen Diebstählen nicht unwahrscheinlich, eine bösliche diebliche Absicht vorliege, oder doch fahrlässiger Weise mehr genommen worden sei, als zur Abwendung der Noth unumgänglich erforderlich war. ²)

7) Von manchen Rechtsgelehrten ist auch noch als Vorbedingung der Straflosigkeit des Wegnehmens fremder Sachen in rechter Noth aufgestellt worden, daß der Thäter beim Entwenden die Absicht gehabt haben müsse, das Weggenommene später wieder zu erstatten³). Es ist dies jedoch weder im positiven Rechte begründet, noch der Natur der Sache nach zu befürworten.

§ 6. Diese im Vorhergehenden dargestellte Doctrin des früheren gemeinen deutschen Strafrechts in Bezug auf den Nothstand erfuhr nun am Ende des vorigen und im Anfange dieses Jahrhunderts einen Umschwung auf Grund der rechtsphilosophischen Betrachtung des Nothstandes durch Kant, Fichte und Hegel, und diese drei Philosophen geben auch im Allgemeinen die drei verschiedenen Richtungen an, in welchen sich nunmehr die Theorie des Strafrechts bewegte. Bevor wir nun dieser so weiter gebildeten Lehre folgen, seien hier zuvor noch die Bestimmungen der beiden ersten deutschen **Partikularstrafgesetzbücher des 18. Jahrhunderts** über den Nothstand erwähnt, welche mit den nachmaligen partikularrechtlichen Vorschriften fast in keinem Zusammenhange stehen. Die Bestimmungen dieser Gesetze in Bezug auf den Nothstand sind folgende: Codex jur. Bav. crim. von 1751,

---

¹) S. z. B. Walch, l. c. §§ 13 seqq.
²) Grolman, Grunds. § 138 Note o. S. auch Walch, l. c. § 16. Kress, comm. in CCC ad art. 166 § 5. Güterbock, Entstehungsgeschichte der CCC S. 243.
³) H. Grotius, de jure belli ac pacis II, 2 § 9. Carpzov, l. c. n. 42. Simon, l. c. thes. XIV. Schott, l. c. § 13.

pars I cap. 1 § 4 „Wem es an genugsamen Verstand oder freyen Willen ermangelt, der ist keines Verbrechens fähig. Was demnach ... aus Noth-Zwang geschieht, wird für kein Verbrechen geachtet," und es findet dies im § 33 eod. seine Ergänzung „Wenn zur Entschuldigung die Noth und Forcht vorgeschützt wird, ist zu erwegen, wie hoch die Noth gewesen, und wie schwer die Rettungsmittel gefallen, auch ob man sich nicht selbst muthwillig hierinn gestürzet habe. Nebst deme soll man eines jeden seine besondere condition, Leibs- und Gemüthsbeschaffenheit, und andere dergleichen Umständ wohl in Obacht nehmen und darnach ermäßigen, wie weit die Straff zu mildern oder gar nachzusehen sein mögte." Es stimmt damit die Constitutio Criminalis Theresiana von 1768 ziemlich überein, wenn sie in Art. 11 § 8 Abs. 2 festsetzt „Wenn Gewalt, Noth und Forcht zur Entschuldigung vorgeschützt wird, ist zu erwegen: ob solche Zunöthigung so beschaffen gewesen, daß auch eine standhafte Person sich hieran entsetzen könne? dann wie schwer die Rettungsmittel gewesen? und ob man sich nicht selbst muthwillig darein gestürzet habe? nebst dem soll man eines jeden seinen besonderen Stand, Leibs- und Gemüthsbeschaffenheit, und andere dergleichen Umstände wohl in acht nehmen, und darnach ermessen, wie weit die Straff zu mildern oder nachzusehen sein möchte." So wenig im allgemeinen diese beiden Gesetzgebungen Beifall verdienen, und sich geradezu sagen läßt, daß sie dem gemeinen Rechte gegenüber nicht nur keinen Fortschritt, sondern sogar bedenkliche Rückschritte enthalten, so dürften doch diese Satzungen über den Nothstand mit Rücksicht auf den Stand der damaligen Doctrin lobend hervorzuheben sein, indem besonders in formaler Beziehung ein großer Fortschritt zu erkennen ist, da nunmehr allgemein die strafrechtliche Bedeutung des Nothstandes ausgesprochen und sich nicht auf die Erwähnung eines allerdings besonders wichtigen Falles beschränkt wird. Was die materielle Seite der angeführten Bestimmungen anbelangt, so sei erwähnt, daß die angeführten Normen auch in der nachfolgenden österreichischen Strafgesetzgebung ziemlich gleichförmig wiederkehren und sich noch in dem geltenden österreichischen Rechte vorfinden. So bestimmt das Joseph. StGB. von 1787 § 5 „der Abgang des freien Willens spricht von der Anschuldigung eines Kriminalverbrechens los... e) wenn bei der gesetzwidrigen Unternehmung ein Zwang, eine unwiderstehliche Gewalt vorhanden war."

S. auch 2. Thl. von polit. Verbr. § 2. — Ebenso StGB. v. 1796 § 8 lit. f.; StGB. von 1803 § 2 lit. c.; StGB. von 1852 § 2 lit. g. und Militär = StGB. von 1855 § 3 lit. g. Hiernach muß der Richter in jedem Falle, wo Jemand in einer Nothlage, insbesondere unter dem Einflusse einer Drohung, handelte, er=wägen, ob unter den gegebenen Umständen ein gewöhnlicher Mensch ohne außerordentliche Seelenstärke sich der drohenden Ge=fahr unterzogen hätte; verneint er dies, so muß er den Angeklagten freisprechen, kommt er aber zu dem Resultate, daß auch ein sittlich nicht besonders hochstehendes Individuum die Gefahr bestanden hätte, so hat er zwar das Strafgesetz anzuwenden, allein der Einfluß des Nothstandes äußert sich in der Strafmilderung [1]. Nach österreichischem Rechte ist daher, wie auch Wessely richtig ausführt [2]), die Straf=losigkeit „der im Nothstande begangenen strafgesetzwidrigen Hand=lungen weder von der Beschaffenheit des gefährdeten Gutes abhängig zu machen, noch auf alle Fälle collidirender Rechte auszudehnen, sondern der Grundsatz festzuhalten, daß nur derjenige Nothstand die Zurechnung zum Verbrechen ausschließt, der zur Begehung oder Unterlassung der strafbaren That mit unwiderstehlichem Zwange nöthigt."

Nach dieser Auffassung wäre die Sprechweise des österr. StGB. dahin zu erklären, daß es den im Nothstande Handelnden nur so hinstelle, als wäre er einem unwiderstehlichen Zwange unter=legen, es dürfte dasselbe nicht wörtlich genommen werden. Thut man dies, so müßte man nach österreichischem Rechte jede im Nothstande be=gangene Handlung für strafbar erklären [3]), wogegen sich Theorie wie Praxis in Oesterreich stets mit Recht ausgesprochen haben [4]).

§ 7. Wenn die Theorie des Strafrechts seit dem Ende des vorigen Jahrhunderts auf den Nothstand ihr Augenmerk etwas mehr

---

[1]) Vgl. insbes. Glaser, Abhandlungen aus dem österr. Strafr. Bd. I, bes. S. 120 ff.; Hye, Commentar z. österr. StGB. S. 192 ff.

[2]) Befugnisse des Nothstandes rc. S. 9.

[3]) So wirklich Chauveau et Hélie, Théorie du code pénal, Bruxelles 1843, Ch. XIV p. 281 „Le code pénal d'Autriche ne place justification que dans une force insurmontable; la crainte ne constitue qu'une circonstance atténuante".

[4]) Glaser, a. a. O. und die das. Citirten.

richtete, so waren es besonders zwei Fragen, welche sie hierbei in Erwägung zog, nämlich einmal die Frage, wie weit der von der Strafe entschuldigende Begriff des Nothstandes auszudehnen sei, und sodann die Erörterung, wie die Straflosigkeit einer im Nothstande begangenen Uebertretung zu erklären sei; diese beiden Punkte sollen daher vor Allem hier ihre Besprechung finden.

Kant erweiterte den Nothstandsbegriff der seither herrschenden Lehre durch Hinzuziehung des weiteren Falles einer Collision von Leben und Leben, und zwar sollte nach seiner Ansicht eine solche That einer gewaltthätigen Selbsthülfe zwar rechtswidrig, aber nicht strafbar, impunibile, nicht inculpabile sein. In der eigenthümlichen Begründung seiner Ansicht hat man mit Recht den Keim der Feuerbach'schen Abschreckungstheorie erblickt, was auch dadurch bestätigt wird, daß Feuerbach, dem dann wieder eine Reihe von Strafrechtslehrern gefolgt ist, in der That diese Begründung zu der seinigen machte (wenn auch mit der ganz verschiedenen Consequenz der Unzurechnungsfähigkeit des im Nothstande Handelnden).

Fichte gelangte — jedoch auf einem andern Wege — zu dem gleichen Resultate, wie Kant; auch er denkt sich als entschuldigenden Nothstand eine Collision auch von Leben und Leben, weist aber das Verhältniß ganz aus dem Rechtsgebiete hinaus.

Hegel endlich schlug auf dem Gebiete der Theorie des Nothstandes eine neue dritte Richtung ein, indem er für den Fall, daß das Leben in Collision mit dem Eigenthum kommt, ein Nothrecht für den in Lebensgefahr Befindlichen in Anspruch nimmt, dieses aber auch mit aller Entschiedenheit auf den angegebenen Fall des Nothstandes beschränkte. Diese besonders von Köstlin mit Glück vertheidigte Ansicht Hegel's, welche längere Zeit hindurch bedeutendes Ansehen in der Theorie genoß, mußte sich aber in der neueren Zeit in Bezug auf ihren allzu engen Begriff des Nothstandes besonders nach dem Vorgange Luden's bedeutende Modificationen gefallen lassen. Und in der Theorie, wie besonders in der Gesetzgebung gelangte nunmehr die Auffassung zur Herrschaft, daß, nach der Definition Luden's und Wächter's, Nothstand die Collision zwischen der eigenen Erhaltung und der Begehung einer verbotenen Handlung sei, wonach der Hegel-Köstlin'sche Begriff also um

Hinzufügung der Collision von Leben und Leben und derjenigen von Leben und der Verletzung einer Rechtspflicht[1]) erweitert wurde.

Auch dieser Begriff des Nothstandes trägt eine Schranke in sich, die nicht zu rechtfertigen ist, nämlich die Voraussetzung, daß eine Gefahr für das Leben, oder, wie Andere erweitert haben, für Leib oder Leben vorliegen müsse, und es ist dem gegenüber zu behaupten, daß jedes Rechtsgut fähig sei, in Nothstand zu gerathen, und unter den nöthigen Voraussetzungen darin vertheidigt werden dürfe. Wenn z. B. einem deutschen Geistlichen in einer Colonie Südafrika's angedroht würde: Wenn du nicht zwischen dieser deutschen Frau, die allerdings in Deutschland noch gültig verheirathet ist, und jenem Engländer die Ehe schließest, so wirst du sofort in das Innere des Landes als Sklave verkauft, — so haben wir einen Nothstand, in welchem die Freiheit des Betreffenden das bedrohte Rechtsgut ist, welcher aber nach der obigen Ansicht nicht entschuldigt werden könnte[2]). Ebenso würde hiernach A, den B in dem Zimmer des C eingeschlossen hat, wegen doloser Sachbeschädigung bestraft werden müssen, wenn er, um nicht ein paar Stunden oder einen ganzen Tag als Gefangener zuzubringen, das Thürschloß erbricht. Und der Schiffsmann, welcher den Seeräubern anvertraute Waare überliefert, um nicht als Sklave von ihnen verkauft zu werden, würde dem § 246 des RStGB. unrettbar verfallen.

Vielleicht sind sich Luden und dessen Anhänger der drückenden Schranke in dieser Richtung nicht ganz bewußt geworden, hätten sich vielleicht mit der mindestens gewaltsamen Interpretation geholfen, daß die Sorge für die Freiheit in der für die Erhaltung mit inbegriffen sei, — jedenfalls aber wendet sich Luden[3]) mit Heftigkeit dagegen, daß die Vermögensrechte als Güter angesehen werden könnten, zu deren Erhaltung eine verbotene Handlung ungestraft

---

[1]) Man denke an folgende Fälle: Eine Verbrecherbande überfällt ein Gefängniß, um die Gefangenen zu befreien, und bedroht den Wärter mit dem Tode, wenn er die Schlüssel nicht herausgebe. — Es ist Jemand zufällig in eine Versammlung gerathen, in der hochverrätherische Plane geschmiedet werden; die Verschworenen sagen: Wenn du nicht bleibst, wirst du erschossen; u. s. w.

[2]) Auf Grund des RStGB. § 4 u. § 338 müßte in diesem Falle der Geistliche mit Zuchthaus bis zu 5 Jahren bestraft werden, wenn er seine Freiheit der Pflichtbewahrung vorgezogen hätte.

[3]) Handbuch des Strafrechts I S. 307; Abhandlungen II S. 511 fg.

begangen werden dürfte, denn Leib oder Leben seien unersetzliche Güter, die Vermögensrechte aber ersetzliche. Wenn mir aber mein ganzes Vermögen gestohlen wird, ich reise mit dem geringen mir gebliebenen Reste meiner Baarschaft dem Diebe nach und treffe ihn in Hamburg, wie er eben das Auswandererschiff besteigen will, so ist Nothwehr freilich unzulässig, weil das Requisit des gegenwärtigen Angriffes fehlt, aber in rechtem Nothstande handele ich, wenn ich mein Hab und Gut mir nicht anders erhalten kann, und ihn daher zwinge, mir mein Geld wieder herauszugeben; und mit nichten kann das von der Hand gewiesen und ich wegen Nöthigung bestraft werden, weil das Vermögen ein ersetzbares Gut sei. Ja, wer ersetzt es mir denn, wenn der Dieb jenseits des Oceans sich herumtreibt und mein Geld gemächlich verjubelt? Wenn ich mein Haus, dem man die Brand=fackel auf das Dach geschleudert hat, dadurch erhalte, daß ich diese, etwa mit einer Stange, auf des Nachbars Heuschober wegschlage — wer hätte mir das Haus wieder aufgebaut, wenn ich es mit Allem, was darin ist, hätte verbrennen lassen? Wer ersetzt mir meinen neuen Cylinderhut, welcher in ein Kornfeld geflogen ist, wenn ich ihn nicht heraushole? Diese Unterscheidung von ersetzbaren und unersetzbaren Rechtsgütern ist ebenso wie für die Nothwehr[1]) auch für den Nothstand entschieden zu verwerfen, denn die Rechtsordnung will jedes Rechtsgut schützen und fragt nicht erst, ist es ein ersetz=liches oder unersetzliches. Daher ist vollkommen beizustimmen, wenn von neueren Schriftstellern[2]) die Ansicht aufgestellt wird, daß jedes Rechtsgut, nicht nur Leib oder Leben in Nothstand gerathen kann und darin vertheidigt werden darf. **Es ist hiernach Nothstand diejenige Lage eines Individuums, in welcher dasselbe die Erhaltung rechtlicher Güter nur durch Begehung einer verbotenen Handlung ermöglichen kann.**

Die strafrechtliche Bedeutung dieses Nothstandes

---

[1]) Levita, Recht der Nothwehr S. 208 ff., bes. S. 217: Die Aus=schließung der in abstracto ersetzlichen Güter, die in der längst überwundenen, für das Strafrecht völlig unbrauchbaren Eintheilung der Rechte in ersetzliche und unersetzliche wurzelt, ist darum in der That geradezu lächerlich, weil hier derjenige, dem ein höchst concreter Rechtsverlust droht, auf die in abstracto ersetzliche Natur seines Rechtes verwiesen wird.

[2]) Hälschner, preuß. Strafr. II S. 271. Berner, Lehrbuch § 85 und de impunitate etc. pag. 9 seqq.

besteht darin, daß derselbe unter gewissen Voraus=
setzungen Straflosigkeit, jedenfalls aber Strafmil=
derung in Betreff der in ihm begangenen Handlung
erzeugt.

§ 8. Was die zweite oben angedeutete Frage anbelangt, wie die Straflosigkeit einer Verletzung, die in einem Nothstande begangen wurde, rechtlich zu begründen sei, so ist diese von einer nicht zu unterschätzenden Wichtigkeit, keineswegs eine bloße Doctorfrage, denn je nachdem man sich zu der einen oder der anderen Ansicht bekennt, ist man genöthigt, praktische Consequenzen zu ziehen, besonders über die Voraussetzungen, unter denen eine Handlung im Nothstande straflos gelassen werden muß, in Bezug auf die Personen, für welche eine Rechtsverletzung wegen Nothstandes straflos bleibt u. s. w. Die hauptsächlichsten Ansichten über die Lösung unserer Frage sollen nun in ihren hervorragenden Repräsentanten kritisch vorgeführt werden.

1) Die Erklärung der Straflosigkeit einer im Nothstande begangenen Rechtsverletzung hat man darin zu finden geglaubt, daß in einem solchen durch die nöthigen Voraussetzungen qualificirten Falle der Noth **jeder Rechtszustand aufhöre,** daß daher eine in Nothstand verübte Handlung nicht rechtswidrig, aber auch nicht gemäß der Rechtsordnung sei, sondern ganz außer allem Rechte stehe. Nicht verboten und nicht erlaubt, sondern rechtlich irrelevant ist die im Nothstande vollführte That, so lautet eine Ansicht, welche zuerst von Fichte aufgestellt[1]), von bedeutenden Criminalisten, besonders Grolman, Schröter u. A. adoptirt worden ist[2]), die aber heutzutage wohl schwerlich noch Anhänger zählen wird. Nach dieser Ansicht soll ein wahrer Nothstand dann vorliegen, wenn entweder neben den Rechten des Verletzten überhaupt, oder neben bestimmten Rechten desselben die Coexistenz des Verletzers physisch unmöglich ist[3]), und es soll alsdann der Bedrohte auf Grund der erwähnten

---

[1]) Fichte, Grundl. des Naturr. S. 85 ff.
[2]) Grolman, Grunds. § 23, wo die Frage für das „allgemeine". § 138, wo sie für das positive Strafrecht entschieden ist. Schröter, Handbuch des peinl. Rechts I S. 145. Gros, Naturrecht §§ 39. 40. Hufnagel, Commentar über d. Württemb. StGB. I S. 226 fg. Früher auch Wächter, Lehrbuch d. röm.-teutsch. Strafr. § 55. — Hälschner, preuß. Strafr. II S. 273 nennt hier irrthümlich auch Pufendorf.
[3]) Grolman, a. a. O. Fichte spricht von Nothstand zu eng dann, „wenn zwei freie Wesen durch bloße Naturcausalität in die Lage kommen, daß

— 41 —

Auffassung ungestraft in fremde Rechtssphären eingreifen dürfen. Die originale Argumentation hierfür, der sich dann die genannten Schriftsteller in den betreffenden Stellen ihrer Lehrbücher mehr oder weniger ausführlich angeschlossen haben, findet sich bei Fichte, der seine Auffassung in folgender Weise vertheidigt: da es sich bei der Rechtslehre nur fragt, wie mehrere freie Wesen als solche beisammen bestehen können, so wird die Möglichkeit des Beisammenseins überhaupt vorausgesetzt, und wenn daher diese Möglichkeit wegfällt, so muß auch die erste Frage, die nach dem Rechte, ganz und gar wegfallen; daher gibt es kein Recht, das Leben eines Andern aufzuopfern, um der eigenen Erhaltung willen, es ist aber auch nicht rechtswidrig, sondern es ist vom Rechte hier überhaupt nicht mehr die Rede. „Die Natur hat die Berechtigung für beide, zu leben, zurückgenommen; und die Entscheidung fällt der physischen Stärke und der Willkür anheim. Da aber dennoch beide betrachtet werden müssen, als stehend unter dem Rechtsgesetze, unter welches sie denn auch nach der That, in Beziehung auf andere, wieder kommen werden, so kann man das Nothrecht beschreiben als das Recht, sich gänzlich exemt von aller Rechtsgesetzgebung zu betrachten."

Der Fehler dieser Lehre liegt in der Verkennung des nunmehr ja unbestrittenen Axioms, daß nicht durch einen freien Willensact zusammenlebender Menschen ursprünglich das Recht gemacht worden ist; es kann daher auch „die Voraussetzung der Möglichkeit des Beisammenlebens" nicht aufgestellt, für den gegentheiligen Fall der Rückfall in den früheren Zustand der Rechtlosigkeit vorbehalten worden sein, und es ist also durch die Fichte'sche Entwickelung nicht dargelegt, aus welchen Gründen eine solche totale Rechtlosigkeit für den Fall des Nothstandes eintreten solle. Es läßt sich auch in der That eine Ursache für den Eintritt eines solchen vom Staate und Rechte exirmirten Zustandes nicht erfinden. Wenn ein solcher Collisionsfall von zwei Rechtsgütern vorliegt, so muß das objective Recht Stellung dazu nehmen[1]), es kann dieser Conflict sich demselben nicht entziehen[2]).

Einer von Beiden sich nur durch den Untergang des Andern retten könne"; es ist natürlich keinem Zweifel unterworfen, daß die Collision von Leben und beschränkteren Rechten ganz ebenso zu betrachten ist; wie dies Grolman thut.

[1]) Vgl. auch Glaser, Abhandlungen I S. 117.

[2]) Zu constatiren ist auch, daß die Anhänger der dargestellten Lehre sehr bemüht sind, die Möglichkeit des Eintrittes eines vom Rechte exirmirten Zustandes

Auch ist mit Recht von Wächter darauf aufmerksam gemacht worden, daß diese Auffassung die sehr bedenkliche Consequenz haben würde, daß eine besondere Verpflichtung zum Bestehen des Noth=
standes nicht aufgestellt werden dürfte, da ja beim Eintritt des Noth=
standes jedes bindende Rechtsverhältniß für den in Noth Versetzten aufhört. Es müßte der Soldat, sobald er vor dem sein Leben ge=
fährdenden Feinde steht, von seinen Rechtspflichten gegen den Staat und seine Kameraden entbunden sein und, wenn er flieht und den verwundeten Kameraden vom rettenden Pferde stößt, um sicher zu ent=
kommen, für straflos erklärt werden[1]).

2) Man hat fernerhin behauptet, daß der Nothstand aus dem Grunde entschuldige, weil Jeder, der in einem Nothstande handle, als unzurechnungsfähig anzusehen sei. Es wurde diese Ansicht zuerst von Quistorp aufgestellt[2]), vorzugsweise aber von Feuer=
bach[3]) mit aller Entschiedenheit zum Ausdrucke gebracht, welchem dann eine Reihe Rechtslehrer gefolgt sind, indem sie die Unzurech=
nungsfähigkeit eines im Nothstande Handelnden annahmen und ver=
theidigten, auch wenn sie nicht der Abschreckungstheorie Feuerbach's huldigten[4]). Allein diese Ansicht hat überhaupt nur auf dem Boden dieser letztgenannten Strafrechtstheorie einen Anspruch auf Richtig=
keit, wenn man nämlich mit Feuerbach Zurechenbarkeit und Be=
stimmbarkeit durch das Strafgesetz identificirt; die Erklärung fällt also mit der Theorie Feuerbach's überhaupt, von dem Standpunkte der heutzutage allgemein angenommenen Auffassung der Zurechnungs=
fähigkeit ist sie zu verwerfen, denn keines der beiden Requisite der Zurechnungsfähigkeit, einmal ein gewisser Grad von Einsicht und sodann die Fähigkeit, sich frei zu entschließen, wird dadurch, daß

---

zu verringern, indem Fichte a. a. O. S. 87 auf Grund des „moralischen Gesetzes" dem in Nothstand Befindlichen zuruft: „Thue überhaupt nichts, sondern überlasse die Sache Gott, der dich wohl retten kann, wenn es sein Wille ist", und indem Grolman in der Anm. zu § 23 cit. das Eintreten dieses Zustandes der Rechtlosigkeit von dem Nichtbestehen — genügender Armenan=
stalten abhängig macht.

[1]) Wächter, sächs.=thür. Strafr. S. 360.
[2]) Quistorp, Grunds. des peinl. Rechts I § 374 fg.
[3]) Feuerbach, Lehrbuch § 91.
[4]) Vgl. insbes. die bei Köstlin, System S. 114, Note 2, 3, Wächter, sächs.=thür. Strafr. S. 363 Note 9 Citirten.

Jemand in einen Nothstand geräth, mit absoluter Nothwendigkeit vernichtet. Der Hungernde, welcher von dem Bäckerladen ein Brot nimmt, der Schiffbrüchige, welcher von dem „Brett der Schule" seinen Leidensgefährten herabstößt, sie können zur Vollführung der That sich mit voller Ueberlegung entschlossen haben und des Verbotes des Gesetzes sich völlig bewußt sein. Es ist richtig, daß in sehr vielen Fällen des Nothstandes der Bedrohte, weil für ihn viel auf dem Spiele steht, in seiner klaren Einsicht gestört sein wird, daß die Gefahr, in die er sich plötzlich versetzt findet, seine Zurechnungsfähigkeit aufhebt, allein dann ist es irgend ein anderes Moment, welches den Betreffenden in einen unzurechnungsfähigen Zustand versetzt, und es ist unrichtig zu behaupten, daß der Nothstand an sich eine Aufhebung der Zurechnungsfähigkeit bewirke. Die Möglichkeit, daß Jemand, der sich in einem Nothstande befindet, sich dazu entschließt, lieber seine Rechtsgüter oder gar sich selbst zu opfern, als in die Rechtssphäre eines Anderen vernichtend einzugreifen, ist m. E. nicht in Abrede zu stellen; daher kann die Möglichkeit zum freien Entschluß nach der andern Seite auch nicht geleugnet werden, und wie das römische Recht sehr richtig von demjenigen, der durch sogen. vis compulsiva zu einer Handlung gedrängt worden war, sagt „coactus voluit", so müssen wir auch für alle übrigen Fälle des Nothstandes, nicht nur für die durch Drohungen begründeten[1]), behaupten, daß die Freiheit des Willens für den im Nothstande Handelnden nicht als absolut ausgeschlossen anzusehen ist.

3) Auch die neuerdings aufgestellte Erklärung eines hervorragenden Strafrechtslehrers der Neuzeit[2]), der zufolge eine im Nothstande verübte Handlung deßhalb straflos bleibe, weil sie „**ihrer grundsätzlichen Bedeutung nach nicht diejenige Tragweite für die Rechtsordnung besitze, wie andere**", kann nicht befriedigen[3]).

---

[1]) S. o. S. 5 fg.

[2]) Meyer, Lehrbuch d. Strafr. 1875, § 54. M. stellt zwar sehr richtig den Nothstand unter die Rubrik „Berechtigte Wahrung privater Interessen", gibt aber sonderbarer Weise als angeblichen Grund der Straflosigkeit wegen Nothstandes den im Texte angeführten an.

[3]) Eine ähnliche Ansicht f. bei Carmignani, jur. crim. elementa, II p. 230, welcher die Straflosigkeit der Rechtsverletzung im Nothstande aus der geringen Gefahr ableitet, die dadurch für die bürgerliche Gesellschaft entstehe. Köstlin, Neue Revision S. 601 bezeichnet dies als vages politisches Räsonnement, das keine juristisch beachtenswerthe Momente in sich birgt.

Diese Ansicht, welche übrigens von Meyer nicht genügend erklärt und ausgeführt ist, läßt sich allerdings für das Strafrecht wohl aufstellen, wenn man die Verbrechensbegriffe durch den Gesetzgeber in einer Weise bilden läßt, die von der seither herrschenden Lehre principiell abweicht. Man müßte alsdann annehmen, daß der Gesetzgeber nicht allgemein eine Norm aufstellte, deren Uebertretung bestraft werden und nur in Ausnahmefällen straflos bleiben sollte, sondern daß derselbe sich die einzelnen möglichen Fälle z. B. eines Diebstahls vorführte und nun überlegte, soll in jedem oder in welchem dieser Fälle Strafe eintreten; im Falle einer in Nothstand verübten Handlung findet nun der Gesetzgeber nach unseren Culturverhältnissen keine Veranlassung, mit Strafe vorzugehen, da keiner der Zwecke, welche sonst den Gesetzgeber zur Strafe bestimmter Handlungen führen, vorhanden ist. Es würde nach dieser Ansicht also die seitherige Theorie die Frage ganz falsch gestellt haben, denn es wäre nicht zu fragen, warum bleibt eine in Nothstand verübte Handlung straflos? sondern: warum soll die und die Handlung bestraft werden? Und sowie man für das letzte keinen Grund anführen könnte, müßte Straflosigkeit eintreten[1]).

Es ist jedoch, wie erwähnt, diese principiell von der herrschenden Lehre divergirende Auffassung in ihren Einzelheiten noch nicht näher begründet worden, jedenfalls aber wendet sie in Betreff unserer Lehre ihre Aufmerksamkeit zu sehr dem Strafrechte zu und ist nicht geeignet, zu erklären, weßhalb derjenige, welcher in Nothstand z. B. fremde Sachen beschädigt ꝛc. nicht ersatzpflichtig sein soll.

4) Es ist hier sodann noch die Ansicht zu erwähnen, daß der Nothstand, in welchem sich der Thäter bei Begehung einer verbotenen Handlung befunden habe, zwar an der Rechtswidrigkeit dieser Handlung nichts zu ändern im Stande sei, aber doch den Einfluß ausüben solle, daß keine Bestrafung eintrete; rechtswidrig aber straflos soll die im Nothstande vorgenommene Verletzung sein. Für den Cardinalpunkt unserer Frage, nämlich den Grund, weßhalb in solchem Falle nicht gestraft werde, war natürlich hiermit noch gar nichts gewonnen, und es haben die Anhänger dieser Auffassung diesem Mangel in äußerst verschiedener Weise abzuhelfen gesucht.

---

[1]) In dieser Weise wird unsere Frage von Prof. H. Seuffert in seinen Vorlesungen über Teutsches Strafrecht erörtert.

Die erwähnte Ansicht muß nun zwar vollständig fallen, wenn es uns gelingt, später unsere Ansicht über die Lösung der Controverse als richtig hinzustellen, es sollen aber doch die hauptsächlichsten Antworten auf die Frage, warum trotz der Rechtswidrigkeit keine Strafe einzutreten habe, hier hervorgehoben werden, um durch den Nachweis der Mangelhaftigkeit derselben die Richtigkeit unserer Auffassung noch weniger zweifelhaft zu machen. Im allgemeinen sei der bekämpften Ansicht noch das Wort Berner's[1]) entgegengehalten: Si excusatione opus esset iis, qui laesa proprietate aliena vitae periculum effugerint, consequeretur, melius et virtuti convenientius eos acturos fuisse, vita pro alienis bonis profusa, essetque vir optimus et sapientissimus, qui, dum aquis mersus perire periclitatur, rem alienam aliquam, qua abrepta saluti suae consulere posset, non abriperet, et pro proprietate aliena mori „dulce et decorum" putaret. Qui mehercule non sapientissimus, sed stultissimus, cujusque mors non herois, sed dementis est. Afferte non martyris coronam, sed scurrae cucullum, quo caput ejus digne exornemus!

Vor allem ist hier nun die Theorie Kant's[2]) hervorzuheben, welcher die Verletzung im Nothstande nur als unstrafbar, nicht als unsträflich ansieht und den Grund hierfür in der Unwirksamkeit und Erfolglosigkeit der Strafdrohung findet. „Es kann nämlich kein Strafgesetz geben, welches demjenigen den Tod zuerkennete, der im Schiffbruche mit einem Andern in gleicher Lebensgefahr schwebend, diesen von dem Brette, worauf er sich gerettet hat, wegstieße, um sich zu retten. Denn die durchs Gesetz angedrohte Strafe könnte doch nicht größer sein, als die des Verlustes des Lebens des Ersteren." Allein diese Ansicht steht mit der sonstigen Auffassung Kant's über die Begründung der Strafe in schroffstem Widerspruch. Wenn die Strafe ein kategorischer Imperativ ist, ein Postulat der reinen Vernunft, und über den Verbrecher nicht um irgend eines Zweckes willen, sondern lediglich deßhalb verhängt wird, weil er verbrochen hat, so ist klar, daß aus der gegebenen Argumentation Kant's eine Ausnahme von diesem Principe nicht entnommen werden kann. Das Argument läßt sich vielmehr nur von dem Standpunkt der Ab=

---

[1]) De impunitate propter summam necess. prop. pag. 9.
[2]) Metaphys. Anfangsgründe der Rechtslehre S. XLI.

schreckungstheorie Feuerbach's aus hören, im Einklang mit welcher es durch den Letzteren consequent durchgeführt wurde; mit dieser in der Wissenschaft nunmehr allgemein verworfenen Theorie muß die Argumentation Kant's fallen.

Eine weitere Beweisführung für die angeführte Ansicht, die bis in die neuere Zeit nicht ohne Beifall geblieben ist, findet sich schon bei Pufendorf[1]): „necessitas non id quidem efficit, ut directe lex possit violari, seu peccatum admitti; sed ex benevola legislatorum mente simulque naturae humanae consideratione praesumitur, casum necessitatis sub lege generaliter concepta non contineri." Dieselbe wurde von Breibenbach[2]) reproducirt und von Wächter[3]) in der Weise zum Ausdrucke gebracht, daß „eine ganz außerordentliche Kraft und Stärke des rechtlichen Willens dazu gehöre, um im Nothstande lieber unterzugehen oder die Seinigen untergehen zu lassen, als in fremde Rechtssphären einzugreifen und auf deren Kosten den Nothstand abzuwenden. Eine solche über die gewöhnlichen menschlichen Kräfte gehende Resignation soll das Gesetz in der Regel (?) nicht fordern, und daher eine Verletzung, die zur Abwendung einer solchen Noth verübt wird, entschuldigen." Allein auch abgesehen davon, daß uns überhaupt die Ansicht von der Rechtswidrigkeit der Nothstandshandlung sofort im Stiche läßt, wenn wir die Frage auf das civilrechtliche Gebiet hinüberziehen, so ist doch hervorzuheben, daß man sich die Nothstandsfälle keineswegs immer so hochtragisch vorstellen muß; das Gesetz darf allerdings nicht fordern, daß ich lieber meinen neuen Cylinderhut aufgebe, als Kornähren im Werthe von 20 Pf. zu zertreten, aber nicht deßhalb, weil dasselbe eine „über die gewöhnlichen menschlichen Kräfte hinausgehende Resignation" nicht fordern darf; wo bleibt der Heroismus, den der Staat von seinem Bürger nicht fordern darf, wenn der in einem fremden Zimmer von einem Andern als dem Inhaber desselben Eingesperrte durch Erbrechen der Thüre sich befreit? Gegen die Ansicht Wächter's, welcher also die Billigkeit den Ausschlag für die Straflosigkeit geben lassen will[4]), spricht sodann noch das Be-

---

[1]) De jur. nat. et gent. lib. II cap. VI, bef. § 2.
[2]) Commentar zum heff. StGB. S. 476.
[3]) Sächf.-thür. Strafr. S. 364 ff.
[4]) Wächter beruft sich a. a. O. ausdrücklich auf die Motive des sächf. StGB., welche sagen „die Gestattung der Nothwehr beruht auf einem

denken, daß bei Anwendung nur von Billigkeitsgründen ein jus cogens, welches den Richter anweist, einen Verbrecher freizusprechen, nicht wohl denkbar ist, ein allgemeines Prinzip der Straflosigkeit mit zwingender Kraft für den Strafrichter keinen Sinn hat. — Und sehr mit Recht ist fernerhin der angeführten Argumentation von Binding folgender Vorwurf gemacht worden[1]): „Alle diejenigen, welche mit Wächter die Straflosigkeit der Nothstandsverletzung daraus ableiten, daß das Recht die Menschen nicht dafür verantwortlich machen könne, daß sie keine Heroen seien, führen, auch wenn sie es nicht Wort haben wollen, die Straflosigkeit auf die Ohnmacht des Pflichtgefühls, also auf die Delictsunfähigkeit des Thäters zurück."

Hälschner[2]), ein weiterer Vertreter der obigen Ansicht, behauptet: „wie die im Nothstande begangene Beschädigung je aufhören sollte, eine Rechtsverletzung zu sein, ist nicht einzusehen. Jede dem Rechte entgegengesetzte Handlung ist eben darum Unrecht"; aber hierbei ist ihm eine petitio principii untergelaufen, denn ob eine solche Handlung dem Rechte entgegengesetzt ist, das ist eben die Frage. Wenn nun aber Hälschner den Grund der Straflosigkeit der nach seiner Ansicht rechtswidrigen Handlung darin findet, „daß die Rechtsverletzung lediglich eine Entgegensetzung gegen die fremde subjective Berechtigung ist, nicht aber eine Entgegensetzung der Willkür gegen die Rechtsordnung selbst," und dies annimmt, weil, im Falle einer im Nothstande vorgenommenen Eigenthumsbeschädigung z. B., die der Institution des Eigenthumes sich entgegensetzende Willensbestimmung fehle, so ist ihm gewiß nicht beizustimmen. Denn zum dolus beim Diebstahl, zu der Absicht, eine fremde bewegliche Sache aus fremdem Gewahrsam sich rechtswidrig anzueignen, gehört die Willensbestimmung, die Institution des Eigenthums anzugreifen, durchaus nicht. Jedes Wollen eines dem Strafrechte widerstrebenden Thuns oder Erfolgs ist dolus; der Vorsatz dessen, der überhaupt Lust nach einem frischgebackenen Brot hat und dieses an sich nimmt, ist strafrechtlich betrachtet gerade so beschaffen, wie der Vorsatz des-

---

Rechtsgrunde, die Berücksichtigung des Nothstandes auf einem Billigkeitsgrunde."

[1]) Normen, II S. 83.
[2]) Preuß. Strafr. II S. 271 ff.

jenigen, welcher am Verhungern ist und um sich sein Leben oder seine Gesundheit zu erhalten fremdes Brot nimmt, eine verschiedene Willensbestimmung des Wegnehmenden kann in den beiden Fällen nicht angenommen werden.

Ein seltsamer Widerspruch findet sich endlich bei Marquardsen[1]), der ebenfalls ein Anhänger dieser Richtung ist, indem dieser die Ansicht, daß die Nothstandshandlung rechtswidrig, aber straflos sei, wörtlich so vertheidigt: „was der Staat nicht gebieten kann, ist, daß der Einzelne sich für den Einzelnen hingebe, was er nicht verbieten kann, ist, daß in einer Lage, wo die Existenz zweier Individuen unmöglich ist, Jeder auf seine Rettung bedacht sei"; er gründet also die Meinung, daß eine Handlung rechtswidrig sei, darauf, daß der Staat sie nicht verbiete und nicht verbieten könne.

5) Wir kommen zu dem letzten der aufgestellten Gesichtspunkte, dem zufolge eine in wahrem Nothstande vorgenommene Handlung für **nicht rechtswidrig, sondern dem Rechte gemäß** erachtet und aus diesem Grunde für straffrei erklärt wird. Auf eine sehr originelle Weise haben die älteren Juristen diese Ansicht von einem „jus necessitatis" zu begründen versucht, hierin fast alle dem Hugo Grotius folgend, dessen Schlußfolgerung daher hier angeführt werden mag: „Primo sequitur, in gravissima necessitate reviviscere jus illud pristinum rebus utendi, tanquam si communes mansissent: quia in omnibus legibus humanis, ac proinde in lege dominii, summa illa necessitas videtur excepta"[2]). Daß dieser Rückfall in eine vorsündfluthliche Gütergemeinschaft aber lediglich eine poetische Fiction ist, welche jedes historischen Nachweises entbehrt, braucht wohl nicht erst besonders betont zu werden[3]), und so kann man wohl erstaunt sein, noch in unserem Jahrhundert der gleichen Argumentation zu begegnen und jene alte Theorie wiederum folgendermaßen vertheidigt zu finden: „Indem ich des Rechts, oder, um mich genauer auszudrücken, des Zuganges, den ich ursprünglich hatte, mir zugleich mit meinen

---

[1]) Arch. d. Cr. R. 1857. S. 396 ff.
[2]) De jure belli ac pacis II, 2 § 6 n. 2.
[3]) Schon Leyser, meditt. ad pand. spec. 537 bricht gegenüber der Argumentation des Grotius in den höhnischen Ausruf aus: „Docte mehercule et argute!" ohne freilich etwas Besseres an die Stelle setzen zu können.

Mitmenschen alles und jedes in der vernunftlosen Natur zum Nutzen zu führen, mich begab, um dagegen ein alleiniges Recht an gewissen einzelnen Sachen zu erwerben, deren hinwiederum zu meinem Vortheil alle Andern sich zu enthalten gelobten, mußte ich es mir nothwendigerweise vorbehalten haben, jene Gemeinschaft wieder zu reclamiren, wenn und soweit als eine Sache zur Erhaltung meines Daseins erforderlich wird."[1])

Der eigentliche Schöpfer des Nothrechts ist Hegel, welcher demjenigen, dessen Leben in Gefahr ist, der sich aber durch Verletzung fremden Eigenthums retten kann, ein Nothrecht, nicht als Billigkeit, sondern als Recht zuspricht, „indem auf der einen Seite die unendliche Verletzung des Daseins und darum die totale Rechtlosigkeit, auf der anderen, nur die Verletzung eines einzelnen beschränkten Daseins der Freiheit steht, wobei zugleich das Recht als solches und die Rechtsfähigkeit des nur in diesem Eigenthum Verletzten anerkannt wird."[2]) Der richtige Gedanke, welcher dieser Ansicht zu Grunde lag, sowie die völlig richtige Argumentation Hegel's gewannen dieser Auffassung viele Anhänger, aber selbst diejenigen Juristen, welche sich möglichst eng an Hegel anschlossen, haben nicht umhin gekonnt, die Consequenzen, zu denen die Aufstellung des Letzteren drängte, zu ziehen und den so eng begrenzten Kreis des „Nothrechts" mehr oder weniger zu erweitern, und in einer ähnlichen Weise, wie aus dem vereinzelten Falle des Stehlens in rechter Hungersnoth dereinst die gemeinrechtliche Doctrin den allgemeinen Begriff des jus necessitatis schuf, so wurde auch das Princip, daß das Eigenthumsrecht in Collision mit dem Leben von Rechtswegen dem letzteren zu weichen habe, nach und nach erweitert, wenn auch die letzten Consequenzen bis auf den heutigen Tag noch nicht gezogen sind. Dieses Streben nach Ausdehnung des Hegel'schen Nothrechts tritt schon bei Köstlin, dem bedeutendsten Vertreter der Hegel'schen Philosophie auf dem Gebiete des Strafrechts hervor, indem dieser in seiner „Neuen Revision der Grundbegriffe des Criminalrechts" noch den Fall der Perforation unter den Gesichtspunkt des Nothrechts rückt, gewissermaßen als eine Art Nebenanwendung des genannten Princips, in seinem späteren „System des deutschen Strafrechts" aber keineswegs seiner strengen Ansicht

---

[1]) Oersted, im N. Arch. d. Cr. R. V (1821) S. 345 ff.
[2]) Hegel, Grundlinien d. Philos. d. Rechts. § 127.

treu bleibt, sondern nunmehr das Eigenthum nur als Beispiel nennt und dem in seinem Leben Bedrohten gegenüber „jedem einzelnen Recht der Persönlichkeit" ein Nothrecht einräumt. Man hat hier eine Unbestimmtheit und Vagheit im Ausdrucke getadelt, da nicht ersichtlich sei, welche einzelnen Rechte der Persönlichkeit gemeint seien[1]); in der That kann aber nicht zweifelhaft sein, daß Köstlin jeden Collisionsfall zwischen Leben und einem anderen Rechtsgute, als wiederum das Leben, als ein Nothrecht begründend ansieht, und es ist mit Recht dies so von Wessely aufgefaßt worden, welcher sich dieser Ansicht Köstlin's eng anschließt.[2]) Es gehört dieser Richtung unter den neueren Schriftstellern noch Levita an, dessen Darstellung[3]) aber nicht immer auf demselben Punkte geblieben ist, indem er zuerst (S. 2) die Ansicht Hegel's und dessen Argumentation zu der seinigen macht, sodann (S. 3) „die Lage der Mutter, welche zwischen Kaiserschnitt und Perforation gestellt ist, unter den Gesichtspunkt des Nothrechts rückt" und schließlich (S. 14) das Nothrecht dahin verallgemeinert, daß es „das Recht der Selbsterhaltung im Falle der Collision des Lebens des Einen mit einem beschränkten Rechte des Andern ist."

Von diesem Nothrechte scheiden nun die Anhänger dieser Theorie die Fälle des Nothstandes im engeren Sinne, worunter sie die Fälle der Collision zweier gleichwerthiger Rechtsgüter oder den Collisionsfall eines höherwerthigen Rechtsgutes, abgesehen von dem Leben, und eines geringeren begreifen. Es soll in diesen Fällen dann die betreffende Handlung zwar durchaus verbrecherisch bleiben, aber dieselbe soll aus irgend einem Grunde entschuldigt werden, und zwar nimmt Levita als solchen Grund den an, daß der Wille des Handelnden nicht aus freiem Antriebe das Verbrechen erzeugt habe, sondern durch besondere äußere Reizmittel bestimmt worden sei, während Berner[4]), Wessely[5]) u. A. sich damit helfen, daß der Staat keinen derartigen Heroismus verlangen könne, wie ihn das Aushalten eines derartigen Nothstandes erfordern würde. Allein gegenüber dem erstgenannten Grunde ist zu sagen, daß alsdann der Nothstand nur eine Unterart des

---

[1]) Wächter, sächs.-thür. Strafr. S. 361 Not. 5.
[2]) Wessely, Befugnisse des Nothstandes ꝛc. S. 13.
[3]) Levita, Recht der Nothwehr S. 2. ff.
[4]) De impunitate eto. p. 12. 13.
[5]) Befugnisse des Nothstandes S. 16 fg.

Entschuldigungsgrundes des Affectes sein würde, und daß hiernach Noth=
stand nur entschuldigen dürfe, wenn wirklich der Wille afficirt worden
ist, was selbstverständlich durchaus nicht nothwendig ist. Nicht wegen
des rechten Nothstandes also, sondern wegen des Affectes würde
bestenfalls eine solche Handlung straffrei ausgehen, und da ist nicht
einzusehen, weßhalb man überhaupt einen Begriff des Nothstandes
aufstellt. Was aber den zweiten geltend gemachten Grund anbe=
langt, so ist dieser oben für den Nothstand überhaupt als unstich=
haltig erwiesen worden.

§ 9. Betrachten wir nun zum Schlusse dieser geschichtlichen
Entwickelung der Nothstandslehre die Satzungen der in unserem
Jahrhundert so zahlreich erlassenen **deutschen Partikularstrafgesetz=
bücher**, wie des französischen Rechts, so lassen sich dieselben in zwei
Gruppen theilen, in denen in jeder unsere Materie mit großer Ueber=
einstimmung behandelt wird.

1) Der eine Theil dieser Strafgesetzbücher hat in Bezug auf
den Nothstand einen ganz absonderlichen Weg eingeschlagen, indem
dieselben über dieses Thema gar keine gesetzlichen Bestimmungen
aufnahmen, sei es, daß sie sich dieser Lücke geradezu bewußt waren
oder nicht; dahin ist das französische Recht, theilweise die bayerische
und insbesondere die preußische Gesetzgebung zu zählen. Diese Rechte
führten aber das Schweigen über unsere Materie insoferne nicht
consequent durch, als sie sämmtlich den Nothstand durch Bedrohung
erwähnen und über diesen speciellen Fall des Nothstandes mehr oder
weniger detaillirte Normen aufstellen.

Was das französische Recht anbelangt, so ist für dieses der
art. 64 des code pénal maßgebend „Il n'y a ni crime ni délit,
lorsque le prévenu était en état de démence au temps de
l'action, ou lorsqu'il a été contraint par une force, à laquelle
il n'a pu résister." Das Gesetz kennt somit den Begriff des Noth=
standes gar nicht und räumt demselben an sich gar keine strafrecht=
liche Bedeutung ein, berücksichtigt dagegen den Fall des Nothstandes
durch Bedrohung. Denn der Artikel setzt fest, daß Jemand, der zu
einer verbotenen That gezwungen worden ist, nicht strafbar sein solle,
unterscheidet hierbei aber gar nicht zwischen dem absoluten und dem
compulsiven Zwange und hat somit jedenfalls beide Arten des Zwanges
gemeint. Wenn nun Jemand durch vis compulsiva zur Begehung
einer Verletzung gebracht werden soll, also durch Drohungen in

einen Nothstand versetzt worden ist, dann soll derselbe, falls er lieber
die betreffende Handlung begeht, nicht bestraft werden, wenn der
durch die Drohungen ausgeübte Zwang ein unwiderstehlicher ge=
wesen ist. Es gilt daher hier dasselbe, was für das österreichische Recht
oben ausgeführt worden ist[1]), indem auch hier bei jeder Handlung
der Richter sich fragen muß, ob der Angeklagte der Drohung hätte
widerstehen können und müssen, und es erscheint als voreilig, wenn
manche französische Criminalisten[2]) als feste Regel aus dem Satze
des code pénal die folgern wollen, daß nur Drohungen mit Ge=
fahr für Leib oder Leben geeignet seien, von der Strafe zu befreien,
Drohungen, welche nur Vermögen und andere Güter gefährden, aber
nicht. — Was nun die übrigen Fälle des Nothstandes anbelangt,
so gehen die Ansichten der französischen Juristen bei dem Schweigen des
Gesetzbuches natürlich sehr auseinander; Chauveau und Hélie[3])
glauben, daß dies Schweigen die Anerkennung des Nothstandes
ausschließe, behauptend, daß solche Nothlagen keinen Zwang auf
den Menschen ausüben könnten; auch würden heutzutage wohl kaum
Fälle des sog. Nothstandes vorkommen, und wenn wirklich, so würden
die Geschworenen den Thäter ganz gewiß freisprechen. Andere[4])
widersprechen diesen zum Theil allerdings sehr schwachen Gründen
und behaupten eine strafrechtliche Bedeutung des Nothstandes. Es
wird sich jedoch auch hier bloß sagen lassen, daß in etwaigen con=
creten Fällen der Richter für ermächtigt zu erachten ist, den Ange=
klagten freizusprechen, wenn er zu der Ueberzeugung gelangt, daß
derselbe in einer solchen Nothlage gehandelt hat, daß ein gewöhn=
licher Mensch der Versuchung, sein Gut auf Kosten desjenigen eines

---

[1]) S. oben S. 35 fg.
[2]) Bes. Chauveau et Hélie, Théorie du code pénal ch. XIV.
I p. 279 suiv.
[3]) L. c. p. 283.
[4]) Rauter, Traité du droit criminel 68, 69 p. 146 suiv. Trébutien, Cours du droit criminel I p. 138. — Nach Rossi, Traité de
droit pénal L. II ch. 23 gibt ein Uebel, welches Jemanden bedroht, diesem
kein Recht einen Dritten zu verletzen, wohl aber soll in solchem Falle Straf=
losigkeit eintreten, wenn es sich um das Leben des Bedrohten handele, da als=
dann das Strafgesetz unwirksam sei; von dem Falle, daß das Uebel, das der
Bedrohte zufügt, geringer ist, wie das ihn Bedrohende, spricht Rossi gar nicht
und scheint so die Straflosigkeit des Thäters in diesem Falle als selbstverständ=
lich vorauszusetzen. Glaser, a. a. O. S. 116.

Anderen zu erhalten, nicht widerstanden hätte[1]); weshalb dies durch den Art. 64 ausgeschlossen sein soll, wie die erstangeführte Ansicht behauptet, ist nicht einzusehen, aber anderseits ist es für subjective Willkür zu erklären, wenn man ohne gesetzliche Basis stricte Anforderungen und Voraussetzungen für die Entschuldigung wegen Nothstandes aufstellt.

Auch das **bayerische Strafgesetzbuch** vom Jahre 1813 sprach in seinem Art. 121 blos von „Drohungen, welche mit einer gegenwärtigen und unabwendbaren Gefahr für das Leben verbunden waren"; und denselben Weg schlugen die nachfolgenden Entwürfe ein, nur darin von einander abweichend, daß sie den Kreis der Drohungen, welche die Zurechnung aufzuheben geeignet sein sollten, verschieden groß darstellten.[2]) Was dagegen den Nothstand anbelangt, der nicht durch Bedrohung eingetreten ist, so war im StGB. von 1813 Art. 93 Ziff. III nur bestimmt, daß derselbe bei Entwendungen als Strafminderungsgrund berücksichtigt werden sollte; schon die officiellen Anmerkungen zum StGB., welche nach den Protokollen des königl. geheim. Rathes herausgegeben wurden, suchten in Band I S. 232 diese Bestimmung zu erweitern, und in den nachherigen Entwürfen wurde der Nothstand als selbstständiger Strafausschließungsgrund angeführt[3]); allein das StGB. von 1861 bestimmt in Art. 67 einfach: „Eine strafbare Handlung ist nicht vorhanden, ... Gleiches gilt in dem Falle, wenn zur Zeit der That die Freiheit der Willensbestimmung des Handelnden durch Gewalt oder Drohung gegen ihn oder einen seiner in Art. 61 genannten Angehörigen oder durch Nothstand ausgeschlossen war." Es wird also von dem Gesetze fingirt, daß in solchen Nothlagen die Freiheit der Willensbestimmung des Thäters ausgeschlossen ist, und daher dem Richter überlassen, in jedem einzelnen Fall zu prüfen, in wie weit dies der

---

[1]) So auch Ortolan, Eléments de droit pénal N. 357, welcher auf das Verhältniß des geretteten und vernichteten Gutes in jedem einzelnen Falle gesehen wissen will, hierfür aber folgende nicht zu billigende Argumentation gebraucht: „Il pourra se faire qu'une menace dans ses biens, si la perte était considérable et le délit peu grave, ait assez influé sur sa liberté pour faire disparaître toute culpabilité pénale."

[2]) Vgl. außer dem Art. 73 des Entwurfs von 1822 die Entwürfe von 1827 Art. 68, 1831 Art. 91, 1851 Art. 71, 1853 Art. 62.

[3]) Vgl. bes. über den Entw. von 1822 unten S. 55.

Fall ist, ohne daß das Gesetz ihm irgend welche Anleitung durch Fixirung der nothwendigen Voraussetzungen an die Hand gäbe. Hiernach erscheint es ganz gerechtfertigt, wenn Weiß[1]) annimmt, daß der Nothstand auch dann entschuldige, wenn er durch Verschulden des Thäters herbeigeführt worden sei, denn es komme nur darauf an, ob zur Zeit der That die Freiheit der Willensbestimmung des Handelnden durch Nothstand ausgeschlossen war; und auch darin wird beizustimmen sein, daß nach bayer. StGB. nur Nothstand des Handelnden selbst entschuldige, nicht der seiner Angehörigen, weil diese Letzteren nur bei dem Fall der Drohungen ausdrücklich genannt worden sind.

Aus der **preußischen Strafgesetzgebung** ist zunächst der freilich sehr dürftigen und ungenügenden Satzungen des allgem. Landrechts zu gedenken, welches den Diebstahl, der begangen wurde, um eine Leibes- oder Lebensgefahr von sich abzuwenden, nicht für straflos erklärt, sondern nur als Grund der Begnadigung aufstellt[2]) und dann noch folgende Sätze ergehen läßt über den Einfluß von Drohungen, durch welche Jemand zur Begehung einer verbotenen Handlung bestimmt wurde; Theil 2 Tit. XX § 19: „Furcht vor Drohungen, deren Gefahr mit Hülfe des Staates oder sonst abgewendet werden konnte, rechtfertigt den Verbrecher nicht." § 20: „In wie fern der Bedrohte die Furcht zu überwinden und die Gefahr selbst abzuwenden vermögend gewesen sei, muß nach der Lage der Umstände, besonders aber nach seiner Gemüths- und Leibesbeschaffenheit beurtheilt werden." § 21: „Furcht vor einem bloßen Schaden am Vermögen, oder vor Uebeln, die in der Folge gehoben werden können, entschuldigt nicht die vorsätzliche Zufügung eines unersetzlichen Schadens." — In der in fortwährender Bewegung befindlichen preußischen Strafgesetzgebung tauchten aber sehr bald in den Entwürfen ausführliche Bestimmungen über den Nothstand im allgemeinen auf, und wie in jedem Strafgesetzbuchsprojecte unseres Thema's gedacht wurde, so wurde in den Verhandlungen über jeden dieser Entwürfe stets der Nothstand zum Gegenstande eingehender Be-

---

[1]) StGB. für das Königr. Bayern zu Art. 67 S. 195.
[2]) Allgem. L.-R. Th. 2 Tit. XX § 1115; daneben ist noch § 1576 eod. zu erwähnen, in dem sich die Keime des preuß. StGB. § 292 und des RStGB. § 313 erkennen lassen.

trachtung und Debatte gemacht¹); allein der Erfolg dieſer ganz beſonderen Anſtrengung war — der § 40 des preuß. StGB. „Ein Verbrechen oder Vergehen iſt nicht vorhanden, wenn der Thäter zur Zeit der That wahnſinnig oder blödſinnig, oder die freie Willensbeſtimmung desſelben durch Gewalt oder durch Drohung ausgeſchloſſen war"; jede Beſtimmung über Nothſtand im allgemeinen fiel weg, nur der Fall der Bedrohung wurde noch dazu in einer legislativ mehr wie bedenklichen Weiſe aufgeſtellt und geregelt.²)

Wiſſenſchaft wie Praxis haben längſt ihr verurtheilendes Verdict über dieſes geſetzgeberiſche Experiment abgegeben³), ein Urtheil, zu beſſen Begründung jetzt glücklicherweiſe für uns kein Anlaß mehr vorliegt; denn nach dieſem mißlungenen Verſuche, die Nothſtandslehre durch Schweigen des Strafgeſetzbuches zu löſen, wird nunmehr wohl ſchwerlich ein zweiter folgen, und es dürfte nicht leicht wiederum eine Geſetzgebung auftreten, welche, wie Anno 51 die preußiſche, ſich ſelbſt das Zeugniß ausſtellt, daß ſie „völlig außer Stande ſei, ausreichende Beſtimmungen über den Nothſtand feſtzuſetzen." ⁴)

2) Die große Maſſe der Partikularſtrafgeſetzbücher unſeres Jahrhunderts ſtimmen principiell in der Behandlung des Nothſtandes überein, in einzelnen unten zu beſprechenden Punkten von einander abweichend; und zwar war es der bayer. Entwurf eines Strafgeſetzbuches von 1822, welcher im Art. 85 zuerſt die genannte Richtung angab, in der ſich nunmehr die deutſche Strafgeſetzgebung vorzugsweiſe bewegte. Der erwähnte Artikel ſagte: „Wer außer dem Falle der Nothwehr eine unerlaubte Handlung begangen hat, um eine gegenwärtige Gefahr für ſein eigenes oder eines anderen Menſchen Leben abzuwenden, iſt ſtraflos. Hat der Verletzer den Zuſtand der Noth abſichtlich herbeigeführt, um unter dieſem Vorwande eine Rechtsverletzung zu begehen, oder hat er die rechtmäßigen Grenzen überſchritten, ſo iſt er der geſetzlichen Strafe verfallen." Die Beſtimmungen der deutſchen Strafgeſetzbücher, welche dieſem Entwurfe im Principe folgten, ſind nachſtehende:

---

[1] Goltdammer, Materialien zum preuß. StGB. I, S. 370—375.
[2] Wächter, ſächſ.-thür. Strafr. S. 359.
[3] Wächter, a. a. O. S. 387. Mittermaier in Goltdammers Archiv VII S. 173.
[4] Goltdammer, Materialien I, S. 371.

Strafgesetzbuch für das Königreich Württemberg vom 1. März 1839, Art. 106:

„Wer, außer dem Falle der Nothwehr, eine unerlaubte Handlung begangen hat, um eine gegenwärtige, bringende und anders nicht abzuwendende Gefahr für sein eigenes oder das Leben seiner Verwandten in auf- und absteigender Linie, seines Ehegatten, oder seiner Geschwister abzuwenden, ist straflos; doch liegt ihm, wie in jenem Falle, ob, von der begangenen Verletzung entweder den Beschädigten selbst, oder die Obrigkeit in Kenntniß zu setzen."

Allgemeines Criminalgesetzbuch für das Königreich Hannover vom 8. August 1840. Dieses erklärt in § 84 n. 7 eine Rechtsverletzung für straflos „wenn sie in einem auf andere Weise nicht abwendbaren äußersten Nothstande zur Rettung von Leib und Leben begangen, auch nicht weiter, als zur augenblicklichen Entfernung dieses Nothstandes erforderlich war, ausgedehnt ist, und der Thäter nicht solchen Nothstand durch eigenes Verschulden herbeigeführt hat."

Criminalgesetzbuch für das Herzogthum Braunschweig vom 10. Juli 1840, § 34:

„Wer eine gesetzwidrige Handlung begeht zur Rettung seiner selbst oder seiner Angehörigen (§ 73), aus einer gegenwärtigen bringenden Gefahr für Leib oder Leben, welche die Folge eines unverschuldeten und auf andere Weise nicht abzuwendenden Nothstandes ist, bleibt straflos."

Strafgesetzbuch für das Großherzogthum Hessen vom 17. September 1841, Art. 45:

„Wer außer dem Falle der Nothwehr eine mit Strafe bedrohte Handlung begeht, um eine gegenwärtige und bringende Gefahr für sein eigenes oder für das Leben eines seiner im Art. 39 genannten Angehörigen abzuwenden, ist straflos.

Droht die Gefahr dem Leben einer im Art. 39 nicht genannten Person, so ist die mit Strafe bedrohte Handlung nur insofern, als sie gegen fremdes Eigenthum gerichtet ist, straflos.

Hat aber der Thäter, oder mit Wissen desselben derjenige Angehörige, von welchem eine gegenwärtige und bringende Gefahr für sein Leben abgewendet werden soll, entweder den Zustand der Noth durch eigenes strafbares Verschulden herbeigeführt, oder hat er mehr gethan, als zur Abwendung der Gefahr erforderlich war, so ist er insoweit den gesetzlichen Strafen unterworfen." — Das Gleiche bestimmen das Strafgesetzbuch für Nassau vom 14. April 1849, Art. 42 und für Frankfurt vom 16. September 1856, Art. 45.

Strafgesetzbuch für das Großherzogthum Baden vom 6. März 1845, § 81:

„Die Zurechnung einer an sich unerlaubten Handlung fällt weg, wenn sie von dem Handelnden in einem, nicht durch eigenes strafbares Verschulden herbeigeführten Nothstande begangen wurde, um eine gegenwärtige bringende, auf andere Art nicht abwendbare Gefahr für sein Leben, oder das Leben seines Ehegatten, oder eines Verwandten oder Verschwägerten in auf- oder absteigender Linie ohne Unterschied des Grades, in der Seitenlinie bis zum zweiten Grade einschließlich, oder der Adoptiveltern oder Adoptivkinder, der Pflegeeltern oder Pflegekinder derselben, oder solcher Personen abzuwenden, die ihm zur Aufsicht übergeben sind, oder zu deren Schutz er besonders verpflichtet ist."

Das sogenannte Thüringische Strafgesetzbuch, das in den einzelnen Staaten zu verschiedenen Terminen publicirt wurde, sagt im Art. 65:

„Wer eine gesetzwidrige Handlung begeht zur Rettung seiner selbst oder seiner Angehörigen (Art. 37.) aus einer gegenwärtigen bringenden Gefahr für Leib oder Leben, welche die Folge eines auf andere Weise nicht abzuwendenden Nothstandes ist, bleibt straflos."

Revidirtes Strafgesetzbuch für das Königreich Sachsen vom 1. Oktober 1868, Art. 92:

„Auch außer dem Falle der Nothwehr ist derjenige nicht strafbar, welcher eine gesetzwidrige Handlung in einem auf andere Weise nicht abwendbaren Nothstande, zur Rettung aus einer gegenwärtigen bringenden Gefahr für Leib oder Leben seiner selbst oder seiner Angehörigen vorgenommen hat, vorausgesetzt, daß für den Gefährdeten nicht eine besondere Verpflichtung zum Bestehen solcher Gefahr obwaltete, und nicht die Gefahr als unmittelbare Folge einer von ihm begangenen strafbaren Handlung eingetreten ist."[1]

---

[1] Der Artikel ist aus dem Strafgesetzbuch vom 13. August 1855 unverändert übergegangen. S. auch Criminalgesetzbuch für das Königreich Sachsen vom 30. März 1838, Art. 72.

Criminalgesetzbuch für Hamburg vom 30. April 1869, Art. 30:

„Jedoch sind Handlungen, welche zur Rettung aus einer gegenwärtigen, dringenden, nicht anders abzuwendenden Gefahr für Leib und Leben des Thäters oder seiner Angehörigen begangen werden, straffrei, wenn ein solcher Nothstand ohne strafbares Verschulden des Thäters eingetreten war."

Außer diesen Bestimmungen haben dann fast sämmtliche angezogenen Landesstrafgesetzbücher den Fall des durch Drohungen eingetretenen Nothstandes getrennt und besondere Sätze für dessen Behandlung aufgestellt, dabei nicht selten in große, zum Theil unerklärliche Inconsequenzen verfallend, die bei den einzelnen Punkten erwähnt werden sollen; den Fall der Drohungen behandeln in dieser Weise: Württemberg Art. 101, Hessen Art. 39, Thüringen Art. 64, Baden § 82, Hannover Art. 84 Nr. 8, Hamburg Art. 27.

Wer sich also in einem Collisionsfall der eigenen Erhaltung oder derjenigen bestimmter anderer Personen und der Vernichtung fremder Rechtsgüter befindet, soll Letzteres ungestraft ausführen dürfen, — in diesem allgemeinen Satze gipfeln die oben angeführten Gesetzesstellen, indem sie als Grund hierfür zumeist Unzurechnungsfähigkeit des Thäters annehmen[1]). Bei der Durchführung dieses allgemeinen Grundsatzes finden sich aber in den einzelnen Partikularrechten mancherlei Differenzen:

Die unzweifelhafte Voraussetzung jedes Nothstandes, daß eine gegenwärtige dringende Gefahr vorgelegen habe, die auf keine andere Weise als gerade durch die Begehung der sonst verbotenen Handlung beseitigt werden konnte, ist zwar in allen Gesetzen übereinstimmend aufgestellt, allein in Abweichung von einander fordern die Einen eine Gefahr für das Leben, wogegen Andere eine solche „für Leib oder Leben[2])" (Hannover für Leib und Leben[3]) für genügend erachten, um einen von der Strafe entschuldigenden Nothstand hervorzurufen. Hierbei darf die Kuriosität nicht übersehen werden, daß diejenigen

---

[1]) A. M. Wächter, sächs.-thür. Strafr. S. 384 ff., ohne daß diese Ansicht durch seine eigene folgende Darstellung bestätigt würde.

[2]) Ueber die Interpretation dieses auch von dem RStGB. gewählten Ausdruckes s. unten S. 62 fg.

[3]) S. darüber Leonhardt, Commentar über das CrimGB. für Hannover S. 362 fg.

Gesetzbücher, welche der erstgenannten Auffassung huldigen, einen Unterschied zwischen den Fällen des Nothstandes an sich und des durch Bedrohung hervorgerufenen statuiren, indem sie die Einschränkung der Gefahr für das Leben nur für die ersteren festhalten, im Falle einer Drohung dagegen schon eine Gefahr für Leib oder Leben für hinreichend halten; diese ungerechtfertigte und unerklärliche[1]) Inconsequenz theilen die StGBücher von Württemberg in Art. 101, Hessen in Art. 39 und Baden in § 82.

Daß ein Nothstand der genannten Art nur entschuldige, wenn es sich um die Erhaltung des Thäters selbst handele, ist nur von dem hannöverschen Criminalgesetzbuch aufgestellt worden, während alle anderen Gesetze eine Gefahr für die „Angehörigen" des Thäters ebenfalls als Entschuldigungsgrund gelten ließen. Dieselben weichen aber nicht nur darin von einander ab, daß sie den Kreis dieser Personen sehr verschieden bestimmen, oder gar, wie das sächs. StGB., gar nicht sagen, wer zu den Angehörigen gerechnet werden solle sondern auch darin, daß einzelne Gesetzbücher, und zwar wiederum bei verschiedenen Gelegenheiten das erwähnte Princip ganz fallen lassen und bisweilen zulassen, daß im Nothstande zur Rettung jedes Dritten eine sonst verbotene Handlung begangen werden dürfte. So bestimmte das thüringische Strafgesetzbuch — nach dem Vorgange des Criminalgesetzbuches für Sachsen von 1838 in Art. 69 — in Art. 64, daß im Falle eines durch Drohungen begründeten Nothstandes zur Rettung jedes Dritten straflos vorgegangen werden dürfe, während es in den übrigen Fällen des Nothstandes dies auf die Gefahr seiner selbst oder eines Angehörigen einschränkt; und das hessische Strafgesetzbuch Art. 45, das nassauische Art. 42 und dasjenige für Frankfurt Art. 45 erlauben einen Eingriff in fremdes Eigenthum, falls dadurch eine Lebensgefahr von irgend einem Dritten abgewendet werden solle.

Sehr verschieden wird auch die Frage, ob ein entschuldigender Nothstand unverschuldet gewesen sein müsse? von Seiten unserer Gesetzbücher beantwortet, indem das Württembergische und thüringische Gesetzbuch dieses Requisit gar nicht erwähnen, Braunschweig § 34 und Hannover Art. 84 gerade umgekehrt die angegebene Frage bejahen, Hessen, Baden, Nassau, Frankfurt und Sachsen dagegen nur

---

[1]) S. bes. Breidenbach, Comm. z. hess. StGB. S. 574 ff.

fordern, daß der Nothstand nicht durch eigenes **strafbares** Verschulden des Thäters herbeigeführt sei (und zwar nach sächs. StGB. in unmittelbarer Weise).

Endlich bleibt hier noch zu erwähnen, daß nach bes. Vorschrift mancher Partikulargesetzbücher derjenige, welcher im Nothstande eine Verletzung zugefügt hatte, verpflichtet war, diese Handlung sofort zur Kenntniß der Obrigkeit zu bringen; diese Anzeigepflicht wird aufgestellt von Württemberg Art. 106, Braunschweig § 168.

II.

Die Behandlung des Nothstandes im deutschen Reichsstrafgesetzbuch.

§ 10. Das Strafgesetzbuch für das deutsche Reich hat sich den Bestimmungen der zuletzt genannten Partikularstrafgesetzbücher im allgemeinen angeschlossen, und zwar sind aus demselben folgende Sätze über Nothstand zu constatiren:

RStGB. § 52[1]): Eine strafbare Handlung ist nicht vorhanden, wenn der Thäter durch unwiderstehliche Gewalt oder durch eine Drohung, welche mit einer gegenwärtigen, auf andere Weise nicht abwendbaren Gefahr für Leib oder Leben seiner selbst oder eines Angehörigen verbunden war, zu der Handlung genöthigt worden ist.

Als Angehörige im Sinne dieses Strafgesetzes sind anzusehen Verwandte und Verschwägerte auf- und absteigender Linie, Adoptiv- und Pflege-Eltern und -Kinder, Ehegatten, Geschwister und deren Ehegatten und Verlobte.

RStGB. § 54: Eine strafbare Handlung ist nicht vorhanden, wenn die Handlung außer dem Falle der Nothwehr in einem unverschuldeten, auf andere Weise nicht zu beseitigenden Nothstande zur Rettung aus einer gegenwärtigen Gefahr für Leib oder Leben des Thäters oder eines Angehörigen begangen worden ist.

Vgl. RStGB. § 313 Abs. 2.

Aus diesen Stellen ergeben sich als Voraussetzungen der Straflosigkeit einer im Nothstande begangenen Handlung folgende:

1) Es wird gefordert, daß für den Verletzer eine Gefahr für Leib oder Leben vorgelegen habe, eine Bestimmung, welche die strafrechtliche Bedeutung des Nothstandes auf eine ungebührliche

---

[1]) Der § ist, wenigstens seinem Inhalte nach, dem § 40 des preuß. StGB. entnommen.

Weise einengt, wenn auch anrerseits in der Hinsicht dem Gesetze vollkommen beizustimmen ist, daß dann durch eine solche Gefahr die Begehung **jeder** Handlung erlaubt wird[1]). Denn die Verletzung oder Vernichtung der genannten Rechtsgüter muß eine so weitgehende, außerordentliche Bedeutung für den Inhaber haben, daß eine Rücksichtslosigkeit der stärksten Art gegenüber den collidirenden Rechtsgütern Anderer vom Standpunkte des Rechts aus nicht getadelt werden kann, mag man auch ein solches Handeln vom moralischen Standpunkte aus unter Umständen verwerflich finden[2]). Aus diesem Grunde rechtfertigt sich der vom StGB. aufgenommene Satz, daß bei der dringenden Gefahr für solche Rechtsgüter, welche gerade das Wesen der Persönlichkeit ausmachen, **jede** Verletzung fremder Güter ohne Strafe zu bleiben habe, die zur Abwendung dieser Gefahr vorgenommen wurde. Was nun die Ausdrucksweise des StGB. anbelangt, so hat dieses hierfür den keineswegs glücklichen Passus „einer Gefahr für Leib oder Leben" aufgenommen, ein Ausdruck, zu dessen Interpretation Folgendes beizubringen ist: Einmal ist vor dem durch die erwähnte Sprechweise nicht allzuferne gelegten Mißverständnisse zu warnen, als ob man schon zum Schutze seines Leibes jede verbotene Handlung ungestraft begehen dürfe. Wenn A dem B droht, er würde ihn derb ohrfeigen, wenn er nicht den vorübergehenden C niederschieße, so ist B zu der Tödtung durchaus nicht berechtigt, auch wenn er mit Bestimmtheit darauf rechnen kann, daß der stärkere A ihn im Falle der Weigerung prügeln werde. Als Meinung des Gesetzes ist vielmehr die aufzustellen, daß Jemandem eine große physische Gefahr drohe, welche vielleicht das Leben, mindestens aber die Körperintegrität in erheblicher Weise zerstört; gegenüber einer solchen Gefahr ist der Bedrohte berechtigt, sich durch Eingriff in fremde Rechtsgüter zu schützen, sei es nun, daß er nicht

---

[1]) Oppenhoff n. 6 zu § 54 nimmt freilich im Anschluß an die Motive an, daß eine im Nothstande verübte Tödtung niemals entschuldigt werden dürfe; allein dieser Motivencultus ist hier wohl nicht am Platze, wenn man mit der oberflächlichen Bemerkung dieser die klare und bestimmte Ausdrucksweise des Gesetzes vergleicht, welches von einer Einschränkung, wie sie die Motive anzudeuten scheinen, nichts weiß.

[2]) Es ist hier sehr das Wort Cicero's am Platze: Quid est, quod magis perspicuum sit, non modo carum sibi quemque, verum etiam vehementer carum esse. Cic. Fin. bon. et mal. V, 11.

ganz klar die Tragweite der Gefahr überschaut und nicht deutlich erkennt, ob sein Leben oder nur sein Leib bedroht ist, sei es, daß er für sicher eine erhebliche Körperverletzung befürchten mußte. Es ist auch nicht beizustimmen, wenn man, wie auch neuerdings wieder Meyer[1]), die angezogene Stelle nur von „unmittelbarer Lebensgefahr" verstehen will; die deutsche Sprache liebt allerdings Alliterationen und sagt „Haus und Hof, Thor und Thüre, Geld und Gut u. s. w." für dasselbe; allein im vorliegenden Falle läßt sich diese Wahrnehmung nicht verwerthen, da beide Ausdrücke durch das disjungirende „oder" getrennt sind und so die Möglichkeit der Wahl offenbar ist.

Auf der anderen Seite muß unser Ausdruck „Leib oder Leben" extensiv insoferne interpretirt werden, als darunter überhaupt die Rechtsgüter verstanden sind, welche das Wesen der Persönlichkeit ausmachen, d. h. alle diejenigen, deren Negirung die Unmöglichkeit zum physischen oder zum Leben in der bürgerlichen Gesellschaft herbeiführen würde, also das Leben und die Freiheit im Gegensatze zu der Sklaverei, die zum Leben nöthige Gesundheit und die weibliche Ehre[2]). In Nothstandsfällen, in welchen das eine collibirende Rechtsgut ein solches ist, muß jede Verletzung ungeahndet bleiben.

Diese Bestimmungen des StGB. sind nun für unser heutiges gemeines Recht noch durch die Normen des deutschen Seerechts in Betreff der großen Havarei zu ergänzen. Es gilt hier dasselbe, was bei Gelegenheit der Besprechung des römischen Rechts über die Vorschriften des lex Rhodia de jactu gesagt wurde: Es ist gestattet, vorsätzlicher Weise fremde Güter zu opfern, wenn das Wohl des ganzen Schiffes dieses erheischt; daß eine Repartirung des Schadens auf die betheiligten Personen stattfinden soll, ändert an diesem Principe nichts, dieses specielle gesetzliche Forderungsrecht können wir unberücksichtigt lassen. Wir haben nur zu betonen, daß derjenige, welcher zu dem genannten Zwecke fremde Sachen zerstört, diese zu ersetzen nicht schuldig ist, und daß diese Gefahr, die abgewendet werden soll, eine sehr verschiedene sein kann, nicht nur die des Unterganges des gesammten Schiffes (Leib oder Leben im Nothstande), sondern auch eine durch Seeräuber drohende (Freiheit

---

[1]) Lehrbuch des Strafrechts § 54; s. dagegen namentlich Breidenbach, Commentar z. hess. StGB. S. 532 fg.

[2]) Uebereinstimmend Breidenbach a. a. O. S. 532.

im N.), oder eine nur dem Schiffe oder dem übrigen Theil der Ladung bevorstehende¹) (Eigenthum im N.) Außer diesen Bestimmungen des Seerechts²) findet aber fernerhin eine Ergänzung des StGB. insoferne statt, als in den Theilen Deutschlands, in welchen das Pandektenrecht noch Gesetzeskraft hat, den Sätzen des römischen Rechts ihre Einwirkung auf das Strafrecht zukommen muß; denn wenn das Privatrecht Jemandem gestattet, unter Umständen fremde Sachen vernichten ꝛc. zu dürfen, so muß eine Reaction des Strafrechts gegen diese Handlungen natürlich wegfallen. Gleiche Bedeutung kommt selbstverständlich den ähnlichen oder übereinstimmenden, an Stelle des römischen Rechts getretenen Partikularrechtsnormen zu³).

Endlich ist unserem StGB. außer den allgemeinen Bestimmungen der §§ 52 und 54 noch ein Fall des Nothstandes untergelaufen, wenn es im § 313 die Bestimmung trifft, daß eine mildere Strafe für eine Ueberschwemmungstiftung mit gemeiner Gefahr für das Eigenthum eintreten solle, wenn der Thäter nur die Absicht hatte, sein Eigenthum zu schützen⁴). Allein es sollte überhaupt von dem StGB. der Begriff des von der Strafe entschuldigenden Nothstandes dahin erweitert werden, daß jedes in Gefahr schwebende Gut auf Kosten des collidirenden geringer- oder gleichwerthigen ungestraft erhalten werden darf. Wie soll es nach unserem RStGB. gehalten werden, wenn ich mein brennendes Gartenhaus löschen will und, um schneller dahin zu gelangen, über einen fremden Acker laufe und die Früchte desselben beschädige? Wie, wenn ich meinen neuen Hut aus dem Kornfelde, in das er geflogen ist, selbst herausholt? Wie soll nach gegenwärtigem Rechte folgender Fall entschieden werden: A. hält am Ufer eines Flusses eine außerordentlich werthvolle Sache des B (Pretiosen, Paket mit Werthpapieren ꝛc.) in Händen und ruft dem auf dem anderen Ufer stehenden B zu: Entweder werfen Sie

---

¹) Es droht z. B. nicht unmittelbare Gefahr des Unterganges des Schiffes überhaupt, aber es bringt durch zu starke Belastung Seewasser durch ein tiefliegendes Leck in den unteren Raum, welches alle Waaren verderben würde, wenn man auch trotz des Leckes die nächste Küste noch erreichen könnte.

²) HGB. Art. 702, 708.

³) Meyer, Lehrbuch § 54, Anm. 8.

⁴) Die Bestimmung ist erst von der Reichstagscommission beigefügt worden. Nach Schwarze Commentar, zu § 313 hat man an Nothstand nicht gedacht.

jetzt dem X ein Fenster ein, oder ich befördere diese Sache in das Wasser. Man könnte wohl sagen, wenn ein solcher Fall zur Entscheidung vorliegt, daß der Gesetzgeber, welcher die Herbeiführung einer **gemeinen Gefahr für das Eigenthum zum Schutze des Eigenthumes des Thäters** milder bestraft wissen will, ganz gewiß nicht gewollt hat, daß eine einfache Sachbeschädigung zum Zwecke der Erhaltung eines anderen kostbareren Eigenthumsobjectes gestraft werden solle; es wäre dann in § 313 das richtige Princip insoferne befolgt als nur Strafmilderung einzutreten hat, wenn Jemand sein geringeres Gut (seinen Privatacker) auf Kosten eines höheren (der ganzen Gemarkung) erhalten hat. Allein anstatt die Praxis zu nöthigen, sich mit dieser Analogie oder irgend einer gewaltsamen Interpretation zu helfen¹), bis sie glücklich die Beschränkungen des Nothstandes in §§ 52 und 54 wieder beseitigt hat, sollte das Gesetz jene, theoretisch wie praktisch, nicht zu rechtfertigenden und nicht durchführbaren Einschränkungen fallen lassen und für eine im Nothstande vorgenommene Handlung Straflosigkeit aussprechen, falls die nöthigen Voraussetzungen da sind, für den Fall aber, daß das Verhältniß der collidirenden Güter zu einander in dem angegebenen Sinne nicht ganz zweifellos ist, dem Richter die Möglichkeit der Strafmilderung im Allgemeinen offen lassen.

2) Wenn das StGB. weiterhin als Voraussetzung eines entschuldbaren Nothstandes festsetzt, daß die betreffende Handlung in einem **auf andere Weise nicht zu beseitigenden Nothstande zur Rettung aus einer gegenwärtigen Gefahr** geschehen müsse, so ist dies mit vollem Rechte geschehen, wenn auch der Zusatz vielleicht gerade um beßwillen, weil sich dieses Erforderniß aus dem Begriffe des Nothstandes von selbst ergibt, für ein Gesetzbuch etwas überflüssig erscheinen könnte. Denn ohne gegenwärtige Gefahr ist überhaupt kein Nothstand denkbar, jede Collision von zwei Rechtsgütern setzt die Gegenwart voraus, Vergangenheit und Zukunft schließen ganz von selbst den Begriff einer Collision aus. Nur in dem Falle des Nothstandes durch Bedrohung, der ja ungerechtfertigter Weise vom StGB. besonders behandelt wird, könnte dies Zweifel erregen; allein da zwischen diesem und anderen Fällen des Noth-

---

¹) Wie sehr der Richter gegenwärtig genöthigt ist, in solcher Weise zu verfahren, zeigt deutlich das Urtheil des Pr. Obertribunals v. 6. April 1876. (Rechtsprechung XVII, 261 fg.)

standes begrifflich kein Unterschied besteht, so ist auch hier das Requisit des § 52 („gegenwärtige Gefahr") zu billigen, die Drohung, in einem Jahre ein Uebel zufügen zu wollen, kann nicht geeignet erscheinen, einen Nothstand zu begründen; Vermuthungen, Besorgnisse, individuelle Aengstlichkeit sind es nicht, die das Gesetz berücksichtigt haben will¹).

Ebenso natürlich ist aber auch das Erforderniß, daß vor der Vernichtung des fremden Rechtsgutes alle anderen möglichen Mittel zur Beseitigung des Nothstandes versucht worden sind, oder doch, daß kein anderes Mittel ersichtlich gewesen sei. Nur für den Fall einer solchen Collision zweier Rechtsgüter, daß beide nicht nebeneinander erhalten werden können, wird von der Rechtsordnung die Befugniß verliehen, das eine Rechtsgut auf Kosten des niederen oder gleichwerthigen erhalten zu dürfen. Es unterscheidet sich in dieser Hinsicht Nothstand sehr wesentlich von der Nothwehr; hier steht das Recht dem Unrechte gegenüber, dem es unter keiner Bedingung zu weichen braucht, dem gegenüber es zur Selbsthülfe berechtigt ist, wenn der Staat es nicht gegen die Widerrechtlichkeit schützen kann; da kann vom Rechte nicht gefordert werden, daß es erst noch einen Versuch mache, dem Unrechte auszuweichen, sondern es darf ohne weiteres sich gegen dasselbe zur Wehr setzen, die für den Nothstand geltend gemachten Bedenken fallen hier gänzlich weg.

Ob aber die Gefahr eine gegenwärtige sei, welche auf keine andere Weise abgewendet werden könnte, das darf nun nicht nach den Umständen, wie sie objectiv vorliegen, sondern muß nach dem subjectiven Standpunkte des angeblich in Nothstand Befindlichen ermessen werden. Auch wenn die Gefahr nicht unmittelbar bevorstand, oder ein anderes Mittel zur Abwendung derselben möglich gewesen wäre, der Handelnde aber, ohne daß man ihm Fahrlässigkeit zur Last legen könnte, in diesen Beziehungen seine Lage verkannte, so kann er nicht bestraft werden. Das nothwendige Erforderniß jedes Nothstandes fehlte allerdings, aber nach allgemeinen strafrechtlichen Grundsätzen muß in diesem Falle wegen des entschuldbaren Irrthums, in welchem sich der Thäter bei der Vornahme der Handlung befand, eine Freisprechung erfolgen²).

---

¹) Breidenbach a. a. O. S. 531.
²) So auch Wächter, sächs.-thür. Strafr. S. 360; Oppenhoff n. 5 zu § 54; A. M. Wessely, Befugnisse ꝛc. S. 33 fg.

In Betreff des Mittels zur Beseitigung des Nothstandes versteht es sich von selbst, und ist mit Recht vom Gesetze nicht besonders hervorgehoben worden, daß die Handlung, welche in dem Nothstande vorgenommen worden ist, überhaupt geeignet ist, die drohende Gefahr zu beseitigen; demjenigen, welcher aus Verzweiflung seine Kinder tödtet, weil er sie nicht mehr ernähren kann, ist natürlich die Berufung auf Nothstand abgeschnitten[1]), ebenso wie derjenige, dem gesagt wird, er sei ein ehrloser Mensch, wenn er nicht dem Bürgermeister ein Fenster einwerfe, Nothstand gewiß nicht geltend machen kann[2]).

An dieser Stelle ist endlich noch des Pretextes, wie des Excesses des Nothstandes kurz zu gedenken, denn daß diese im Falle des Letzteren ebensowohl vorkommen können, wie in dem der Nothwehr, dürfte trotz der Bestreitung Köstlin's[3]) nicht wohl anzuzweifeln sein. Ueber den Pretext ist etwas Besonderes nicht zu bemerken, denn wenn Jemand fälschlich behauptet, in dringender Noth gewesen zu sein, so wird, wenn die Unrichtigkeit feststeht, abgesehen von dem Falle des Irrthums des Thäters (s. o.), diese Einwendung mit Recht nicht weiter beachtet. Begrifflich anders ist dagegen der Exceß des Nothstandes aufzufassen; hier liegt ein wirklicher Nothstand vor, während dort ein solcher nur in den Behauptungen des Angeschuldigten figurirte. der Verletzer sah sich in der Alternative, entweder sein Rechtsgut Preis zu geben, oder es durch Zerstören fremder Rechtsgüter zu erhalten. Aber während er nun das Letztere wählte, ging er in dem vernichtenden Eingriff in fremde Rechtsgüter weiter, als zur Abwendung der Gefahr absolut nothwendig gewesen wäre, und obgleich schon eine geringe Rechtsverletzung den Nothstand hätte beseitigen können, beging er eine schwere. Das Erforderniß der entschuldigenden Kraft des Nothstandes, daß Letzterer auf keine andere Weise als durch die sonst verbotene Handlung beseitigt werden konnte, fehlt, und es hat einfach die Strafe für die begangene That einzutreten. Allein es ist als ein Mangel unseres RStGB. anzu-

---

[1]) Stryk, de jure necessitatis II §§ 8, 9. Tittmann, Handbuch § 89 not. p.

[2]) „Das müßte eine sonderbare Ehre sein, die nur durch eine verbotene Handlung zu conserviren wäre." Breidenbach, Commentar z. hess. StGB. I S. 531.

[3]) System § 37 a. E.

sehen, daß der culpose Exceß des Nothstandes nicht für straflos erklärt ist; diese richtige Bestimmung des Gesetzes im Falle der Nothwehr, wonach „die Ueberschreitung der Nothwehr nicht strafbar ist, wenn der Thäter in Bestürzung, Furcht oder Schrecken über die Grenzen der Vertheidigung hinaus gegangen ist"[1]), fehlt in dem den Nothstand betreffenden § 54 gänzlich, obgleich zu der gleichen Bestimmung um so mehr Veranlassung gegeben wäre, als der Nothstand, wie oben gezeigt wurde, ebenfalls durch einen rechtswidrigen Angriff eintreten kann[2]); und gewiß ist es auch in anderen Fällen des Nothstandes am Platze, in Erwägung des Einflusses jeder Gefahr auf den Menschen, sowie besonders des Umstandes, daß regelmäßig schnell gehandelt werden muß, eine Fahrlässigkeit dem Thäter nicht anzurechnen, die ihm unter gewöhnlichen Verhältnissen zur Last gelegt werden würde.

3) Das StGB. stellt ferner als Erforderniß des Nothstandes auf, daß derselbe ein **unverschuldeter** gewesen sein müsse, eine Bestimmung, die in ihrer Ausdrucksweise nicht zu billigen ist, sondern einschränkend gedeutet werden muß. Denn verschuldet ist jeder Nothstand, welcher durch die eigene rechtswidrige oder unvorsichtige Handlung des Gefährdeten herbeigeführt worden ist, es wird sich aber zeigen, daß unmöglich in allen diesen Fällen die Wirkung des Nothstandes cessiren und es nicht gestattet sein kann, zum Schutze des gefährdeten Rechtsgutes eine sonst verbotene Handlung zu begehen. Folgende verschiedene Fälle müssen nun bei der Betrachtung der vorliegenden Frage auseinander gehalten werden:

a. Es hat sich Jemand vorsätzlich in einen Nothstand versetzt, um eine Rechtsverletzung zu begehen und sich später auf den Nothstand berufen zu können, oder derselbe war sich dessen bewußt, daß er in eine solche Lage gerathen werde, in welcher er dann zur Erhaltung von Rechtsgütern eine verbotene Handlung werde begehen müssen[3]). Alsdann ist, wie das mit Recht allgemein anerkannt

---

[1]) RStGB. § 53 Abs. 3.

[2]) Z. B. A läuft mit geschwungener Art hinter B her, und dieser wirft in seiner Todesangst den C so heftig die Treppe hinunter, daß derselbe ein Bein bricht, während ein Stoß zur Seite den gleichen Dienst gethan und den Raum zur Flucht auch frei gemacht hätte.

[3]) Aus diesem Grunde kann sich z. B. der Duellant nicht auf Nothstand berufen.

wird, jede Berufung auf den Nothstand ausgeschlossen, denn in diesem Falle „liegt Absicht als Anfangs=, That als Endpunkt zu Grunde, und die dazwischen liegende Gefahr ist rechtlich gleich null"[1]).

b. Es liegt sodann der Fall nahe, daß Jemand sich zwar keineswegs doloser Weise in einen Nothstand versetzt hat, daß er aber bei Anwendung einer dem ordentlichen Manne ziemenden Acht=samkeit das Eintreten des Nothstandes und die dadurch nothwendig werdende Begehung einer verbotenen Handlung hätte voraussehen können, und zwar übt es hierbei keinen Einfluß aus, ob er sich in dieser fahrlässigen Weise in einen Nothstand durch eine Handlung versetzte, die widerrechtlich oder gar strafbar war, oder durch eine solche, bei welcher dies nicht der Fall ist. Wer an sein Haus Feuer anlegt, weil er die hohe Versicherungssumme gewinnen möchte, und nun, um der Gefahr des Verbrennens zu entgehen, einen Andern niederwirft oder quetscht, der kann zwar nicht nach dem sub a. angegebenen Principe beurtheilt werden, denn er hat diese durch den Nothstand nöthig gewordene Verletzung nicht von vorne=herein gewollt, aber er hätte sie wahrscheinlich voraussehen können, und es wird ihm daher in solchem Falle mit Recht Fahrlässigkeit vorgeworfen[2]). Wenn es sich nun fragt, wie diese Fälle, in denen Jemand sich fahrlässig in Nothstand versetzt und dann im vollen Be=wußtsein seiner Lage eine Rechtsverletzung begeht, strafrechtlich zu beur=theilen seien, so ist sich dahin zu erklären, daß die durch den Nothstand gegebene Befugniß, in fremde Rechtssphären einzugreifen, dann weg=fallen muß, wenn dieser Eingriff auf eine Schuld des Verletzenden zurückzuführen ist, sei es dolus oder culpa. Da nun der Thäter in den Fällen der erwähnten Art als Folge seiner Handlungsweise das Eintreten des Nothstandes und die dadurch bedingte Verletzung fremder Rechte hätte voraussehen müssen, so wird er für diese verant=wortlich gemacht, aber, weil ihm nur Fahrlässigkeit zugerechnet werden kann, nur wegen dieser bestraft werden[3]).

c. Was die sonst denkbaren Fälle anbelangt, in welchen der Eintritt des Nothstandes an sich durch Verschuldung des Thäters

---

[1]) Breidenbach, a. a. O. S. 580; vgl. Luden, Handbuch S. 309; Wächter, sächs.=thür. Strafr. S. 374.

[2]) Wächter, a. a. O. S. 375.

[3]) Insoferne natürlich die Fahrlässigkeit im fraglichen Falle überhaupt strafbar ist. — A. M. Binding, Normen Bd. II S. 205.

herbeigeführt wurde, so verlangt der richtige Satz „wo keine Schuld, da keine Strafe", welchen unser Gesetzbuch als leitendes Princip anerkennt[1]), daß eine im Nothstande begangene Rechtsverletzung nicht bestraft werde, wenn nicht gerade in Bezug auf sie dem Thäter eine Schuld, sei es Vorsatz oder Fahrlässigkeit zur Last gelegt werden kann, und es darf nicht der Umstand als genügend angesehen werden, das Recht des Nothstandes zu tilgen, daß der Nothstand überhaupt durch eine Schuld des nachherigen Thäters herbeigeführt wurde. Wenn es daher dem Thäter nach billigem Ermessen gar nicht möglich war, den Eintritt des Nothstandes und die durch diesen bedingte Begehung einer verbotenen Handlung vorauszusehen, so darf keine Strafe eintreten, mag auch der Nothstand durch eine schuldhafte That des Gefährdeten geschaffen worden sein. Wenn z. B. auf den A, der in einem Walde wildert, ein anderer Wilddieb, welcher ihn für den Förster hält, sein Gewehr anlegt und A sich nur dadurch retten kann, daß er seinen Jagdgenossen vor sich schiebt, der dann durch die Kugel getroffen wird, so befindet sich A in rechtem Nothstande; und ebensowenig wie ihn kann das Recht den fahrlässigen Brandstifter als Mörder bestrafen, welcher auf Kosten Dritter sich aus dem brennenden Hause rettet, oder den Fischdieb wegen fahrlässiger Tödtung verantwortlich machen, der zu tief in das Wasser gerathen und am Ertrinken ist, und sich nun an ein vorbeifahrendes Boot so sehr anklammert, daß dieses umschlägt und Jemand ertrinkt. — Auch wäre eine gegentheilige Ausdehnung der Strafbarkeit um so weniger zu rechtfertigen, als danach das Recht sehr häufig dem durch eine schuldvolle That in Gefahr Gerathenen zumuthen würde, für seine That einen größeren Nachtheil zu erleiden als die Rechtsordnung darauf gesetzt hat[2]). In den obigen Beispielen des Wilderers, Fischdiebes, fahrlässigen Brandstifters hat natürlich für diese betreffenden Handlungen Strafe einzutreten, allein nimmermehr kann das Recht ihnen zumuthen, eine Gefahr vielleicht für Leib oder Leben gewissermaßen als Strafe für dieses Vergehen ruhig über sich ergehen zu lassen.

Diese Auffassung, welcher das StGB. wohl auch in den in § 54 vorgesehenen Fällen huldigt, ist von dem Gesetzbuche unzweifel-

---

[1]) Wenn auch nicht ganz consequent durchführt, vgl. StGB. § 295.
[2]) Luden, Handbuch S. 309.

haft in den §§ 52 und 313 angenommen, in welchen letzteren Stellen das genannte Erforderniß des Unverschuldetseins gar nicht aufgestellt wird. Es ist dies auch wohl kaum ein Mangel, da man, wie Wächter[1]) sehr richtig bemerkt, zu den genannten Aufstellungen aus allgemeinen Grundsätzen über die Zurechnung gelangen muß.

4) Eine schon bei der Darstellung des früheren gemeinen Rechts berührte Streitfrage ist sodann die, ob für den Fall, daß sich Jemand in einem rechten Nothstande befindet, jeder Dritte ihm beistehen darf, oder ob dies Niemandem gestattet ist, die Berechtigung des Nothstandes nur für den Gefährdeten selbst von der Rechtsordnung verliehen wird? Die letztgenannte Auffassung dürfte heutzutage allgemein überwunden sein[2]), und es herrscht nunmehr in der Doctrin, wie in unserer Gesetzgebung eine mittlere Meinung, der zufolge eine Reihe von Persönlichkeiten vom Gesetze aufgezählt wird, welche berechtigt sein sollen, in Nothstandsfällen einander beizustehen[3]), und zwar hat man bei dieser Aufstellung die Bande des Blutes besonders[4]) berücksichtigen zu müssen geglaubt, den Verwandten des in Noth Befindlichen in dieser Richtung ein Privileg gegeben. Diese Auffassung wird auch von dem Reichsstrafgesetzbuch getheilt, welches nur eine für die „Angehörigen" des Thäters verübte Nothstandshandlung straflos läßt und den Kreis dieser Angehörigen in § 52 Abs. 2 ganz genau bestimmt[5]).

5) Wir haben schließlich hier noch einer Voraussetzung des Nothstandes zu gedenken, welche im StGB. freilich keine Aufnahme

---

[1]) A. a. O. Anm. 46.
[2]) Sie folgte namentlich aus der Ansicht, daß im Nothstande jeder Rechtszustand aufhöre, denn bei der Collision zweier Rechtsgüter wird nur zwischen dem in Noth Befindlichen und demjenigen, auf dessen Kosten sich dieser erhält, das Rechtsverhältniß aufgehoben, keineswegs werden aber die Rechtsbeziehungen zu jedem Dritten gelöst.
[3]) Diese Ansicht wird namentlich von denen aufgestellt, welche Unzurechnungsfähigkeit des im Nothstande Handelnden behaupten, indem die Gefahr für einen nahen Verwandten ebenfalls unzurechnungsfähig machen solle; sodann auch von den Anhängern der Theorie, daß die betreffende Handlung rechtswidrig, aber straflos sei.
[4]) Nicht ausschließlich, s. den cit. § 52 Abs. 2 des StGB.
[5]) Ueber die Berechtigung s. unten S. 80. Es dürfte vielleicht nicht uninteressant sein, darauf hinzuweisen, daß nach dieser Bestimmung des RStGB. A, welcher die Schwester des B geheirathet hat, als Angehöriger des B zu be-

gefunden hat, auch nicht in ein solches gehört, sondern aus anderen Rechtsgebieten entnommen werden muß. Wir meinen die Voraussetzung, daß für das Bestehen des Nothstandes für denjenigen, der in einen solchen gerathen ist, **keine besondere Pflicht** von dem Rechte aufgestellt ist. Es enthält dies keineswegs einen Widerspruch der Rechtsordnung mit sich selbst, denn dieselbe kann natürlich ganz nach Belieben aus irgend welchen Gründen die Ermächtigung, sein Rechtsgut auf Kosten desjenigen eines Andern zu erhalten **nicht** gewähren; allein hierzu ist dann auch eine positive Satzung des objectiven Rechtes nothwendig, man darf nicht schon aus der Uebernahme jeder besonderen, z. B. jeder Amtspflicht darauf schließen, daß man dieser Pflicht um jeden Preis nachkommen müsse, zur Verletzung derselben die drohende Gefahr eines noch so werthvollen Rechtsgutes niemals ermächtigen könne. Dem steht die Erwägung gegenüber, daß ja jede verbotene Handlung eine Verletzung einer Pflicht enthält, und die Uebertretung des Gebotes „Du sollst nicht tödten!" gewiß ebenso schwer, wenn nicht schwerer wiegt, wie die des Gebotes für den Kassenbeamten oder Gefängnißwärter „Du sollst die Schlüssel zur Kasse oder zu den Gefangenen nicht herausgeben[1])!" — Bei dieser Gelegenheit müssen wir uns gegen **Breidenbach** wenden, welcher folgenden Vorwurf vorbringt: „Wenn man annimmt, daß die Verletzung zur Abwendung des Nothstandes straflos sei, weil sie keine Rechtsverletzung enthalte, dann muß man freilich fortfahren und sagen, daß der Bedrängte allerdings eine Rechtsverletzung begehe, wenn er sich zur Erduldung des Uebels wie immer obligirt hat." Aber der Gefängnißwärter, Kassenbeamte u. s. w. haben sich zum Bestehen jedes Nothstandes gar nicht verpflichtet, wie andere unten zu nennende Personen, sondern ihre Pflicht ist vielmehr gerade so zu betrachten, wie jede andere Rechtspflicht; und nun ist zu sagen, daß die Handlung im Nothstande sich freilich äußerlich als eine solche darstellt, welche außerdem als Verletzung einer Pflicht verboten wäre, und daß es auch bequem ist, in unrichtiger Weise zu sagen, daß man im Nothstande eine **verbotene** Handlung begehen

---

trachten ist („Geschwister oder deren Ehegatten"), B dagegen nicht als Angehöriger des A angesehen werden kann. — S. jetzt auch **Geyer** in Supplementband zu Holtzendorff's Handbuch S. 93 fg.

[1]) Breidenbach, Commentar zum hess. StGB. S. 536, 537.

dürfe. Aber ebenso wie das Recht gestattet[1]), zur Rettung meines Lebens ꝛc. fremde Rechtsgüter zu vernichten, dies also in der That keine verbotene Handlung mehr ist, so steht es auch ganz in dem Belieben der Rechtsordnung, zu gestatten, daß bei der Collision z. B. von Leben und einer besonders übernommenen z. B. einer Beamtenpflicht der Bedrohte diese Pflicht verletzen dürfe, daß also in diesem Falle „necessitas facit licitum, quod non est licitum in lege". Dies ist aber in der Regel für jede Verletzung einer Rechtspflicht anzunehmen, und es ist daher erforderlich, daß die Gesetze es ausdrücklich aussprechen, für welche Personen das Bestehen eines Nothstandes oder gewisser Arten von Nothständen eine besondere Pflicht sein sollte, welchen Personen es also in bestimmten Fällen nicht gestattet ist, ihre Rechtsgüter auf Kosten derjenigen Anderer zu erhalten. Als solche ganz besonders Verpflichtete sind aus unserem geltenden Recht[2]) zwei Klassen von Personen zu erwähnen: es sind dies in gewissen Fällen das Militär auf Grund des deutschen Militärstrafgesetzbuches[3]) und sodann die Schiffsmannschaft auf Grund der deutschen Seemannsordnung[4]).

---
[1]) S. unten S. 74 ff.
[2]) Ueber das römische Recht s. oben S. 16.
[3]) MilStGB. §§ 49; 63; 64—80; 84—88.
[4]) Deutsche Seemannsordnung vom 27. Dez. 1872, insbes. § 32.
Die Schiffsmannschaft ist aber z. B. wohl berechtigt, das Schiff stranden zu lassen, um ihr Leben zu retten. Nur in Collisionsfällen zwischen ihrem Leben und dem der Passagiere muß sie zurückstehen.

III.
Princip der Behandlung des Nothstandes.

§ 11. Wie oben gezeigt wurde, zieht sich durch die seither herrschende Lehre die scharfe Unterscheidung des angeblichen Nothrechts von dem Nothstande durch, nur daß über die Grenzen des ersteren sich einzelne Differenzen bei den verschiedenen Schriftstellern finden. Diejenigen aber unter den Juristen, welche richtig erkennen, daß die rechtliche Natur aller rechten Fälle des Nothstandes stets als die gleiche anzusehen sei, nehmen an, daß es eine verbrecherische Handlung ist, die im Nothstande begangen wird, die aber aus irgend welchen Gründen nicht mit Strafe belegt wird. Nirgends finden wir in der freilich so spärlichen Doctrin den richtigen Gedanken des Hegel'schen Nothrechts durchgeführt und die Consequenzen gezogen, nicht daß das Nothrecht, wie der davon angeblich verschiedene Nothstand, sondern daß beide in gleicher Weise im Sinne des ersteren zu behandeln seien; also nicht nur für den Fall der Collision des Lebens mit einem niederen Rechtsgut, sondern auch in dem Collisionsfalle zweier gleichen Rechtsgüter, sowie in denjenigen irgend eines höheren Rechtsgutes mit einem niedern ist das Nothrecht zu behaupten.

Es gibt ein Recht des Nothstandes, eben so wie ein Recht der Nothwehr, und es ist nicht rechtswidrig, sondern dem Rechte gemäß, daß ein qualitativ höheres Recht auf Kosten des niederen oder ein quantitativ umfangreicheres auf Kosten des qualitativ gleichen, aber quantitativ geringeren, oder mindestens ein qualitativ und quantitativ gleiches Recht auf Kosten des andern erhalten werde.

Zur Begründung dieser Ansicht seien hier folgende Bemerkungen gestattet:

Der Bestand eines jeden Rechtsgutes ist für die Rechtsordnung von höchstem Interesse, auf seine ungestörte Erhaltung legt der Staat den größten Werth und sagt, diese rechtliche Existenz soll sicher gestellt werden. Zu diesem Zwecke bietet er mannigfache

Mittel und Wege, bestimmt er verschiedene Organe. Allein der Staat ist nicht allmächtig und nicht allgegenwärtig, die Hülfe der Rechtsordnung oft zu schwach oder zu fern, um das gefährdete Rechtsgut unversehrt zu erhalten, und alsdann folgt aus dem juristischen Werthe des Rechtsgutes, daß der Inhaber desselben es selbst vor der Gefahr sicher stellen darf. Das gilt unbedingt, wenn es darauf ankommt, das Rechtsgut gegen den Angriff des Unrechts sicher zu stellen, es wird ohne jede Schranke anerkannt für den Fall der Nothwehr. Nur bedingt gilt es und kann es gelten, wenn zwei rechtliche Existenzen in eine derartige Lage zu einander kommen, daß nur Eine auf Kosten der Andern erhalten werden kann. Wir lassen uns nicht einwenden, daß schon hier unsere Ansicht an der logischen Unmöglichkeit scheitere, daß es kein Recht gegen ein Recht geben könne, denn, wie Berner sehr richtig bemerkt[1]), alle Rechte sind bedingter Natur, bedingt durch die Möglichkeit des gesellschaftlichen Zustandes, des vernünftigen Beisammenlebens. — Nun erkennt die Rechtsordnung selbst an, daß für sie das eine Rechtsgut einen größeren Werth habe, als das andere, und spricht dies deutlich besonders dadurch aus, daß die Verletzung des einen Rechts mit einer weit höheren Strafe belegt wird, wie diejenige eines andern. Das Recht auf Integrität wird von unserer Staatsordnung für höher geschätzt, wie das Recht auf Namen oder das Eigenthum, und dieses Letztere gilt wiederum für mehrwerthig, wie das Jagdrecht u. s. w. Wenn daher ein solcher Collisionsfall zwischen zwei Rechtsgütern eintritt, daß absolut nur das eine höherwerthige auf Kosten des Andern erhalten werden kann, so muß die Rechtsordnung im Einklange mit ihrem Principe consequent dem höherwerthigen den Vorzug geben, das niedere Recht zu Gunsten des Mehrwerthigen vernichten[2]); und wenn ihre Macht dem gefährdeten höheren Rechtsgute nicht zu Hülfe kommen kann, die Erhaltung dieses nur dadurch möglich ist, daß der Bedrohte durch Eingriff in das fremde geringere Rechtsgut sich selbst hilft, so kann

---

[1]) Lehrbuch § 85. Ausführlicher in „de impunitate etc." p. 11 sequ.
[2]) Dies Princip tritt auch in der That auf allen Rechtsgebieten hervor. Man vgl. für das Völkerrecht: die occupatio bellica; für das Staatsrecht z. B. Reichs-Ges. v. 25. Mai 1873; für das Privatrecht das beneficium competentiae, Expropriation von Grundstücken zu den verschiedensten Zwecken, Fall des Reichsgesetzes vom 6. März 1875 § 2 u. s. w.

das Recht es nicht mißbilligen, wenn das höhere Recht aus eigener Kraft das ausführt, was die Rechtsordnung selbst auch gethan haben würde, wenn es ihr möglich gewesen wäre. Nicht rechtswidrig, sondern dem Rechte gemäß ist es also, wenn dasjenige Rechtsgut, welches für die Rechtsordnung von höherem Werthe ist, zu dem Zwecke der eigenen Erhaltung, für die das Recht zu sorgen gehindert ist, in das ungestörte Dasein eines anderen Rechtsgutes vernichtend eingreift. Der richtige Grundgedanke der Hegel'schen Aufstellung ist es, den wir consequent erweitern, weil es nicht ersichtlich ist, warum bloß dem gefährdeten Leben das Recht zukommen solle, auf Kosten anderer geringerer Rechtsgüter sich zu erhalten. Das Recht auf Leben ist ein subjectives Recht des Einzelnen[1]), welches von der Rechtsordnung freilich für höher veranschlagt wird, wie andere subjective Rechte; aber es ist nicht das absolute Recht, wie Hegel meint, es haben ihm nicht alle anderen Rücksichten zu weichen, denn für das Gesammtwohl, für die Rettung des Vaterlandes, wird das Leben geopfert, zum Zwecke der Strafe nimmt der Staat dem Verbrecher das Leben. Nicht das Recht also ist das Recht auf Leben, sondern auch nur ein relatives, wie jedes andere Recht, und daher muß jedes der Letzteren ebensosehr wie jenes befugt sein, gegenüber anderen Rechten, welche von der Staatsordnung für wenigerwerthig erachtet werden, das Recht des Nothstandes in Anspruch zu nehmen.

Das gleiche Princip hat aber auch dann nothwendig Platz zu greifen, wenn zwei Rechtsgüter in Collision kommen, welche von der Rechtsordnung für ganz gleichwerthig erachtet werden, Leben mit Leben, Eigenthum mit Eigenthum, und zwar wird hierbei noch vorausgesetzt, daß sowenig ein quantitativer, wie ein qualitativer Unterschied herausgefunden werden kann, wie dies z. B. der Fall wäre, wenn meinem Hause Feuersgefahr droht, und ich ein Fäßchen mit fremdem Bier in die noch kleine Flamme schütte, weil ich kein anderes Löschmaterial habe; wenn Jemand sein Pferd, das sonst verhungern würde, auf fremder Wiese ein wenig grasen läßt. Wenn zwei Rechtsgüter in einen Conflict, wie den genannten, gerathen, und die Rechtsordnung kann diesen nicht lösen, so muß eben gerade nach dem thatsächlichen Resultate des Kampfes, nach der Stärke der für das Recht theoretisch gleichwerthigen Rechtsgüter gemessen werden, wessen Erhaltung im vorliegenden Falle dem Rechte am werthvollsten

---

[1]) Windscheid, Lehrbuch des Pandektenrechts I, § 39.

war, wessen Erhaltung die Rechtsordnung also billigen muß. Das in einem Nothstandsconflict zweier gleichwerthiger Rechtsgüter Besiegte ist mit rechtlicher Billigung unterlegen, da es sich als das thatsächlich schwächere und daher als das für das Recht weniger werthvolle herausgestellt hat. Auch in diesem Falle geschieht die Verletzung im Nothstande gemäß dem Rechte, nicht gegen das Recht[1]).

Wenn wir nun noch ausdrücklich hervorheben, daß gemäß unserem Principe es nicht rechtmäßig sein kann, wenn das niedere Recht auf Kosten des höheren sich erhält[2]), so muß beigefügt werden, daß dieses Princip insoferne nicht starr durchführbar ist, als der abstract rechtliche Werth eines Gutes sehr verschieden von dem concreten Werth sein kann, welchen dieses Rechtsgut für seinen Inhaber hat, und somit es im einzelnen Falle sehr zweifelhaft sein kann, ob man das Recht des Nothstandes annehmen solle oder nicht[3]). Diese Unbestimmtheit läßt sich aber nicht völlig beseitigen, da es verkehrt, wo nicht unmöglich wäre, wollte die Rechtsordnung eine durchaus maßgebende Stufenleiter des Werthes der einzelnen Rechtsgüter aufbauen; es sollte daher in diesen Fällen, in welchen das Verhältniß des geretteten zum vernichteten Rechtsgut nicht offenkundig und zwar in der Weise klar gestellt ist, daß das Erstere das höhere oder voll=

---

[1]) Zu einem für das Strafrecht ganz gleichen Resultate, wenn auch nur für seinen beschränkten Nothstandsbegriff, gelangt Luden (Abhandlungen S. 500—511) auf einem eigenthümlichen Wege durch seine Unterscheidung von Rechts= und Gesetzesverbrechen; die Pflicht eines Jeden, die Rechte Anderer nicht zu verletzen, soll hiernach gegenüber den subjectiven Rechten dieser eine andere sein, wie dem objectiven Rechte gegenüber, und es soll deßhalb eine Verletzung jener sehr wohl möglich sein, ohne daß hierin nothwendig eine solche der objectiven Rechtsnorm liege, welche daher eine solche Verletzung subjectiver Rechte sogar gestatten könne.

[2]) Aus diesem Gesichtspunkt erledigt sich die bisweilen aufgeworfene Frage: Ob sich derjenige auf Nothstand berufen könne, welcher falsches Geld einnimmt und, nachdem er es gemerkt, wieder ausgibt? — in verneinendem Sinne. Denn derselbe schädigt dann nicht nur das Vermögen dessen, dem er das falsche Geldstück für echt gibt, sondern er begeht noch außerdem eine schwere Schuld gegen das Gemeinwesen, ein Verbrechen, das der Staat mit den schwersten Strafen bedroht. Er würde dann also ein geringeres Gut, sein geschädigtes Vermögen, unversehrt erhalten durch Schädigung eines gleichwerthigen Gutes, des fremden Vermögens, und durch Verletzung einer sehr bedeutenden Rechtspflicht.

[3]) Filangieri, Scienza della legislatione lib. 3 cap. 38, deutsch: System der Gesetzgebung Bd. IV S. 257, 258.

ständig gleichwerthige Rechtsgut ist, der Gesetzgeber in der Weise
vorgehen, daß er dem Richter die Ermächtigung ertheilte, Straf=
milderung oder Straflosigkeit eintreten zu lassen; und dann wäre
es Sache der Urtheiler, als Bürger ihres Landes nach den herr=
schenden Auffassungen zu entscheiden, ob ein berechtigter Kampf für
die Erhaltung eines Rechtsgutes vorliegt.

Jedenfalls setzen wir aber für das Recht des Nothstandes
stets voraus, daß zwei Güter in Collision kommen, welche das
Recht überhaupt schützen und erhalten will: der Zuchthäusler,
welcher Feuer anlegt, um seine Freiheit wieder zu erlangen, oder
welcher, nachdem er entkommen ist, Kleider stiehlt, weil er in
seiner Sträflingsjacke sofort erkannt und wieder eingefangen würde,
der Bauer, welcher einen Meineid schwört, um seinen Bruder von
der Strafe des von diesem verübten Mordes zu befreien, — sie
können sich nicht auf Nothstand berufen. Denn die Güter, welche
sie durch die Begehung der verbotenen Handlung erhalten wollen,
werden zwar vom Rechte an sich vielleicht höher erachtet, wie die=
jenigen, welche sie durch ihre That verletzen, allein im gegebenen
Falle will die Rechtsordnung diese Güter gerade nicht schützen, es
liegt also keine Collision zweier Rechtsgüter vor und ist daher eine
Berufung auf Nothstand unzulässig[1]). Nach dem gleichen Gesichts=
punkte beantwortet sich auch die von Heffter[2]) aufgeworfene Frage,
ob Sand nach der Ermordung Kotzebue's sich auf Nothstand hätte
berufen können? Diese Frage muß verneint werden; das Nationalgefühl
eines Menschen kann nicht in Nothstand gerathen, es gibt in strafrecht=
lichem Sinne nur Nothstand in Bezug auf persönliche Güter Einzelner[3]).

Zwei Punkte sind es nun noch, welche im Anschluß hieran
zu erörtern sind, nämlich:

1) Die Frage, ob gegen eine Handlung im Nothstande Noth=
wehr zulässig ist? Diese in der Theorie so vielfach ventilirte Frage[4])

---

[1]) In nicht zu billigender Weise faßt Wessely, Befugnisse ꝛc. S. 22,
diese Fälle als solche auf, in denen keine Zwangslage im juristischen Sinne
vorliege. Wenn z. B. Jemand wegen eines von ihm verübten Verbrechens
Strafe zu erwarten habe, soll diese Gefahr keine „Gefahr im juristischen
Sinne" sein.

[2]) Lehrbuch des Strafrechts § 40 Anm. 2.

[3]) Schaper in Holtzendorff's Handbuch II S. 133.

[4]) Vgl. z. B. Breidenbach, Comm. z. hess. StGB. S. 591; Luden,
Handbuch, S. 301, Anm. 17; Köstlin, System S. 86; Berner, Lehrbuch

ist nach unserem Principe unzweifelhaft in verneinendem Sinne zu entscheiden: Wir sehen die Nothstandshandlung nicht als rechtswidrig an, und können daher Nothwehr, also Vertheidigung gegen „einen rechtswidrigen Angriff" nicht zulassen. Wenn deßhalb der in Nothstand befindliche A dem B ein Rechtsgut zur Lösung des Nothstandes zerstören will, und B setzt sich zur Wehr, und vernichtet seinerseits ein Gut des A, so handelt B gegen das Recht, und zwar begeht er diese rechtswidrige Handlung zum Zwecke der Erhaltung seines Rechtsgutes. In einem solchen Falle kann für ihn ebenfalls ein Nothstand begründet sein, da folgende drei Möglichkeiten denkbar sind:

a. Das Rechtsgut des A ist von geringerem Werthe, wie das des B; dann ist für den A überhaupt kein rechter Nothstand und kein Recht der Vernichtung fremder Güter gegeben; es hat also B gegenüber einem etwaigen Versuche des A in der letzten Hinsicht das Recht der Nothwehr.

b. Das Rechtsgut des A ist mehrwerthig, wie das des B; wenn hier A von seinem Rechte, sein Gut auf Kosten desjenigen des B erhalten zu dürfen, Gebrauch macht, so ist für B weder Nothwehr, noch Nothstand begründet, da für die erstere das Moment des widerrechtlichen Angriffes fehlt, der Anwendung des Letzteren aber der Umstand im Wege steht, daß, bei Durchführung der Gegenwehr seitens des B, er sein geringeres Rechtsgut auf Kosten des mehrwerthigen des A erhalten würde[1]).

c. Gerade die letzte Erwägung führt dann bei der dritten denkbaren Möglichkeit, daß nämlich beide Rechtsgüter ganz gleichwerthig sind (z. B. beim Brett der Schule), zu dem Schlusse, daß B sich ebenfalls in Nothstand befindet, wenn er sich zur Wehr setzt. Es steht dann ein Nothstand dem andern gegenüber, und es braucht sich keiner von Beiden den Angriff seines Gegners gefallen zu lassen, der im Kampfe Besiegte unterliegt aber nach dem oben Ausgeführten mit rechtlicher Billigung[2]).

2) Zum Schlusse ist hier nochmals auf die Streitfrage zurückzukommen. Wer einem in einem Nothstande Befindlichen zu Hülfe

---

(7. Aufl.) S. 148; Oppenhoff, n. 14 zu § 53; Meyer, Lehrbuch S. 258 Anm. 11, u. A. m.

[1]) Selbstverständlich kann hier ein Irrthum des B als Strafausschließungsgrund in Betracht kommen, und jedenfalls greift das S. 65 zu N. 1 und S. 77 Gesagte auch hier Platz.

[2]) S. oben S. 76 fg.

kommen darf? und es ist die oben mitgetheilte Beantwortung der Frage durch unser positives Strafrecht als ungerechtfertigt zu bekämpfen. Denn die Vorschrift des Reichs-StGB. mit ihrem engen Nothstandsbegriff, wonach nur **Leib oder Leben** von **nahen Angehörigen** geschützt werden darf, stellt sich geradezu in directen Widerspruch mit unserer Moral, der zufolge es Menschenpflicht ist, seinen Nebenmenschen aus drohender Gefahr zu befreien, stellt sich in Widerspruch mit der ganzen Sinn- und Denkweise unseres Volkes, in welchem sich glücklicherweise nur Wenige finden werden, welche nicht bei bringender Lebensgefahr eines Menschen Alles zu dessen Rettung aufbieten, sei es auch mit Aufopferung geringer Rechtsgüter Anderer, welche nicht erst lange bei sich erwägen: Stehst du zu dem in Gefahr Schwebenden im Verhältniß eines „Angehörigen im Sinne des StGB. § 52 Abf. 2"?! Und nimmt man anders mit uns an, daß die Nothstandshandlung nicht rechtswidrig, sondern dem Rechte gemäß sei, so ergibt sich als nothwendige Consequenz für jeden Nothstandsfall, daß jeder Dritte befugt sein muß, dem in Gefahr Stehenden beizuspringen[1]), daß er nicht nur, wenn er Gehülfe zu der straflosen That des Andern ist, von Strafe verschont bleiben muß, sondern auch dann, wenn er mit selbstständigem Urheberentschluß, freilich zu dem Zwecke, Jenem nützlich zu sein, dessen Rechtsgut gegenüber einem geringeren oder gleichwerthigen Gute eines Anderen geschützt und erhalten hat[2]). Alsdann werden natürlich alle Voraussetzungen des Nothstandes auch für den Dritten gefordert, während andererseits auch ihm beim Fehlen eines dieser Erfordernisse entschuldbarer Irrthum zu Gute kommen kann[3]).

---

[1]) Für die Ansicht spricht sich, außer den älteren S. 32 N. 1 Citirten, in der neueren Zeit nur Hälschner, preuß. Strafr. II S. 277 fg. aus. — Nach einer Notiz von Hufnagel, Commentar über das StGB. für das Königr. Württemberg I S. 226 wird dieselbe von dem Brasilianischen und Griechischen Strafgesetzbuche getheilt.

[2]) So erklärt sich auch sehr ungezwungen der Fall der Perforation, über dessen juristische Structur man sich nie hat einigen können, und zu dessen Gunsten viele lange und gelehrte Erörterungen zu Tage gefördert worden sind; Abegg, Untersuchungen S. 116—120; Köstlin, Neue Revision S. 602 ff.; Geib, Lehrbuch S. 222 ff.; Wessely, a. a. O. S. 28 ff.

[3]) Hälschner, a. a. O. 278.

Nachtrag.

In der während des Druckes dieser Abhandlung erschienenen 2. Aufl. seines Lehrbuches hat Meyer in § 56 seine frühere, oben bekämpfte[1]) Ansicht über die Frage: Weßhalb eine im Nothstande begangene Handlung straflos bleibe? abgeändert, indem er nunmehr in Betreff dieses Punktes die Erwägung für maßgebend hält, daß „die im Nothstande verübte Handlung wegen des Zwanges, unter welchem sie verübt wurde, nicht als Ausdruck eines Widerspruches gegen die Rechtsordnung selbst angesehen werden könne." Allein auch hier greift dasjenige Platz, was oben gegen Wächter bemerkt wurde[2]): Es wird in der That, auch wenn der Autor dies nicht anerkennt, die Straflosigkeit auf die Delictsunfähigkeit des Thäters zurückgeführt, und es ist in dieser neuen Aufstellung Meyer's nur ein anderer Ausdruck für die unrichtige, von ihm selbst mit Recht verworfene Meinung zu sehen, der zufolge der im Nothstande Handelnde als unzurechnungsfähig angesehen werden soll. Wenn aber Meyer, da er dies ja nicht Wort haben will, fernerhin noch fragt, ob die Nothstandshandlung rechtmäßig sei, und dies dahin beantwortet, daß „sie strafrechtlich erlaubt sei, ohne darum aufzuhören, ein Eingriff in den fremden Rechtskreis zu sein", so ist er bei dieser Hinneigung zu unserer Ansicht auf halbem Wege stehen geblieben und seine Aufstellung in dieser Fassung als unhaltbar zu bezeichnen. Denn entweder ist und bleibt die That ein Eingriff in einen fremden Rechtskreis, dann kann sie vom objectiven Rechte auch nicht erlaubt werden, ohne daß dieses sich selbst widerspricht, — oder, und das ist das Richtige, die betreffende Handlung wird wirklich vom Rechte erlaubt, dann ist sie eben kein Eingriff in einen fremden Rechtskreis;

---
[1]) Vgl. oben S. 43 fg.
[2]) Vgl. oben S. 47.

die That, welche in der Regel für widerrechtlich erklärt wird, weil sie fremde, vom Rechte geschützte Güter verletzt, ist im Falle des Nothstandes keine widerrechtliche, denn die durch sie verletzten Güter sollen in diesem Falle eines rechten Nothstandes aus den oben näher entwickelten Gründen vom Rechte gerade nicht geschützt werden. — Immerhin aber zeigt dieses Zugeständniß Meyer's, wie sehr man sich bei näherer Beschäftigung mit unserer Frage dem Ziele nähern muß, daß derjenige, welcher im Nothstande gehandelt hat, zu seiner That **befugt gewesen ist**, Letztere als **rechtmäßig** erachtet werden muß.